Marsilio NODI

Antonio Polito

Riprendiamoci i nostri figli

La solitudine dei padri
e la generazione senza eredità

Marsilio NODI

Questo libro non sarebbe stato possibile senza lo stimolo, le idee, le ricerche di Costanza Rizzacasa d'Orsogna, giornalista che ha approfondito sul «Corriere della Sera» la conoscenza dei giovani di oggi.

Prima edizione: ottobre 2017
ISBN 978-88-317-2813-3
www.marsilioeditori.it
Realizzazione editoriale: Valeria Bové

Indice

Ad Antonella, che ha perso il figlio per salvarlo
A Edoardo, che ha perso i genitori e si è trovato
A Costanza, Adriano e Sofia, che non mi perderanno mai

Ciò che differenzia l'uomo dall'animale è l'essere un erede e non un mero discendente: l'eredità di tutti gli affanni umani è venuta ad arricchirci.

JOSÉ ORTEGA Y GASSET, *Renan*, 1909

Introduzione
La *disruption* della famiglia

Forse dovremmo rassegnarci all'idea che non abbiamo diritto all'amore dei nostri figli. O almeno non darlo per scontato. Non trasformare il nostro rapporto con loro in un lungo, disperato e talvolta patetico corteggiamento, costellato da troppe e inevitabili delusioni, trascurando invece i doveri che abbiamo. Da quando si aggrappano a noi per tirarsi in piedi, facendoci sentire onnipotenti, a quando noi ci aggrappiamo a loro per frenarne il delirio di onnipotenza, passa molto tempo, ma finiamo immancabilmente per essere colti alla sprovvista. Ci sembrano sempre nati ieri. E invece dodici, quattordici, sedici anni sono abbastanza per fare del nostro bambino un individuo dotato di libero arbitrio, di conseguenza diverso da noi. Talvolta estraneo. O addirittura nemico.

Allora ci chiediamo sconfortati perché non ci ascoltano più. Perché ci respingono o ci ingannano, e qualche volta ci fanno del male. Siccome li amiamo, diamo la colpa a noi stessi, e corriamo a comprare l'ultimo libro di self-help per imparare a educarli. Ma non sempre il problema è la famiglia, non sempre il problema siamo noi.

Lo sappiamo, ce lo racconta la storia del passato così come la cronaca del presente: un conflitto tra padri e figli è sempre aperto. Oggi però sta accadendo qualcosa di diverso, di molto più serio. Non è semplicemente un conflitto. È una separazione, una rottura, una soluzione di continuità tra le generazioni. E non solo perché i ragazzi di oggi provano rabbia per essere nati senza la camicia, perché non siamo più in grado di garantire loro la società dell'opulenza in cui siamo cresciuti noi. Ma anche perché, insieme con il trasferimento del reddito, si è interrotto il canale di trasmissione di molti altri beni. Di valori, di conoscenza storica, di credi religiosi, di senso comune, perfino di linguaggio. Si è aperto insomma un drammatico vuoto di tradizione, termine la cui etimologia viene per l'appunto dal latino *tradĕre*, che significa tramandare, trasmettere[1].

I ragazzi vivono oggi in un mondo in cui le cose che contano per loro sono completamente diverse da quelle che contano per i genitori, e ciò che è importante fuori dalla famiglia non coincide con ciò che importa alla famiglia. Una crisi culturale, dunque. Il semplice comunicare è diventato difficile. Questo rende anche la soluzione del dialogo, sempre invocato come panacea generazionale, ogni giorno più impossibile.

Certo, è successo anche in altri momenti di svolta che genitori e figli non si capissero. Per esempio quando i primi giovani della specie umana decisero di non vivere più aggirandosi nelle foreste a raccogliere frutti e cacciare selvaggina, come avevano fatto i padri, ma si costruirono una capanna e diventarono agricoltori, coltivando la terra e allevando gli animali. (E magari l'individualismo sarà nato allora, quando per mangiare non si ebbe più bisogno dell'aiuto degli altri cacciatori-raccoglitori).

Oppure quando i giovani scoprirono, grazie alla stampa a caratteri mobili, che per la prima volta potevano leggere da sé le Sacre Scritture, senza dover dipendere da ciò che i monaci ne rac-

[1] «Potrebbe non essere un caso che le semantiche di "tradimento" e "traduzione" non siano così distanti da quelle di "tradizione"»; George Steiner, *La lezione dei maestri*, Milano, Garzanti, 2004, p. 10.

contavano. Oppure ancora, quando ci venne in mente (quella volta c'ero anch'io) che si potevano portare i capelli lunghi come Che Guevara, fare l'amore senza fare figli, ribellarsi invece di obbedire.

Che cosa c'è di diverso, oggi? Stavolta la rottura, piuttosto che l'effetto quasi inevitabile di una grande modernizzazione, sembra essere il compimento di un progetto, l'esito di un programma culturale da tempo perseguito dal pensiero della modernità, come un filo rosso che vada indietro nei secoli e che oggi stia producendo il suo frutto finale.

Nelle nostre società – spiega François-Xavier Bellamy, giovane intellettuale, scrittore, politico francese, ma soprattutto insegnante di filosofia in un liceo – si è verificato un fenomeno inedito: «Una generazione ha rifiutato di trasmettere a quella successiva ciò che aveva da offrirle, l'insieme del sapere, dei riferimenti, dell'esperienza umana immemorabile che costituiva la sua eredità»[2]. Mentre nell'età classica era «universalmente riconosciuta l'autorevolezza della tradizione», oggi è negata, sulla base del nuovo imperativo dell'immediato (nel senso letterale del «non mediato»). Lo si sente ripetere ovunque, nei pomeriggi televisivi come nei testi dei rapper, sulle pagine dei quotidiani come negli articoli degli psicoanalisti di grido: ciò che conta è l'oggi, essere se stessi, naturali, coincidere con la propria personalità, qualunque essa sia, senza vincoli con il passato o confronti con l'autorità dei padri, senza condizionamenti. Come nella casa del *Grande Fratello*, dove vince chi è più «spontaneo», o è più bravo a fingere di esserlo. I nostri figli crescono così con un'idea di se stessi che dà per scontata «la bontà e la sacralità della loro natura, quasi non ci fosse nulla che ha bisogno di essere posto sotto il controllo di regole e tabù»[3].

[2] François-Xavier Bellamy, *I diseredati, ovvero l'urgenza di trasmettere*, Castel Bolognese, Itaca, 2016, p. 27.
[3] Cfr. Marco Aime, Gustavo Pietropolli Charmet, *La fatica di diventare grandi. La scomparsa dei riti di passaggio*, Torino, Einaudi, 2014.

È il modello del «buon selvaggio» di Rousseau, trasferito sul piano educativo nell'*Émile*, un testo sconvolgente a rileggerlo oggi, perché è il manifesto di un esplicito e assoluto rifiuto di ogni trasmissione della conoscenza, teorizzato come unico modo per costruire l'uomo nuovo; una formidabile polemica contro la cultura, perché solo rifiutando l'autorità dei padri fin dall'infanzia il cittadino del futuro potrà imparare a essere se stesso, non ancora corrotto dalla società, e dunque «buono», impossibile da soggiogare per qualsiasi potere.

Qualche secolo dopo, ci siamo. La crisi della famiglia è il terreno sul quale si vince la più generale guerra dichiarata a ogni autorità. Non è un accidente della storia; non è come le altre volte. Avviene oggi perché oggi la modernità ha determinato le condizioni eccezionali e irripetibili affinché potesse accadere. *Disruption*, il termine con cui identifichiamo i grandi e traumatici cambiamenti della nostra era, significa letteralmente «interruzione». E infatti l'imperativo del tempo ci dice esattamente di interrompere la catena di trasmissione fra le generazioni, come condizione presunta di vera e autentica libertà. Solo quando si sarà distrutta ogni autorità si potrà davvero dire, come si auspica, che «uno vale uno».

Lo strumento per raggiungere questo scopo è la disintermediazione, altra parola chiave della nostra epoca. Il più importante dei mediatori, il genitore, può rapidamente diventare obsoleto come i tassisti o le agenzie di viaggio, i piccoli negozi o le librerie: se gli si sottrae la missione educativa, anche lui potrà presto essere sostituito da una piattaforma. E per la prima volta nella storia esiste anche una via alla conoscenza non più mediata dalla cultura (che è selezionare, *colĕre* in latino, e dunque è di per sé mediazione), perché tutto ciò che si può sapere è sulla Rete (anche quello che sarebbe meglio non sapere), e tutto ciò che si può provare è sui social.

Come se non bastasse, questo progetto coincide alla perfezione con le esigenze del mercato. Lo «spontaneismo» disancorato da ogni autorità e tradizione trasforma infatti i nostri giovani in perfetti consumatori, i migliori sulla piazza. Mai una tale legione di acquirenti è stata tanto vezzeggiata e corteggiata. Per questo, dalla rivoluzione del Sessantotto in poi, sono i giovani a dare il tono e lo stile alla società in cui vivono: se si fanno crescere i capelli, se si accorciano le gonne, se si tatuano o si bucano la pelle con i piercing, la moda li seguirà, gli adulti li imiteranno, i media li esalteranno, la pubblicità li idolatrerà.

Ai padri si chiede di assomigliare ai figli, di adottare il loro immaginario e piegarsi alla loro visione della vita. I cinquantenni di oggi si vestono come i ragazzi, guardano gli stessi programmi in tv, frequentano le stesse palestre, non solo perché non vogliono invecchiare, ma perché la giovinezza è diventata il modello culturale della nostra società.

Se in altre epoche i giovani facevano di tutto per diventare adulti il più presto possibile, il nostro è invece un tempo in cui gli adulti fanno di tutto per restare sempre giovani. Gli americani hanno inventato anche un termine, *kidult*, per definire questi *adult* che vogliono fingersi *kid* (da noi potrebbe tradursi con «adultescenti»). Diventare adulti comporta infatti delle scelte, delle rinunce, obbliga a differenziarsi; restare giovani consente di preservare quella condizione in cui niente è ancora determinato, e dunque la libertà di scelta è assoluta e il rifiuto della tradizione necessario. È inevitabile che gli educatori, il cui mestiere consiste invece proprio nell'insegnare a diventare adulti, se la passino così male oggi: a che servono in una società che ha fatto dell'eterna giovinezza il proprio ideale?

Al centro del mondo di oggi si è insomma insediata una «cultura del narcisismo», per usare l'espressione resa celebre da Christopher Lasch[4]. Lo spirito del tempo ripete come un mantra «sii te stesso», «realizza i tuoi sogni», «puoi avere tutto, se solo lo

[4] Storico delle idee, *La cultura del narcisismo* (1979) è tra le sue opere più note.

vuoi davvero». Al posto di un'educazione sentimentale, un'educazione al sentimentalismo, in cui conta ciò che si sente, non ciò che si pensa, ciò che è immediato e intuitivo più di ciò che è giusto o necessario. Ne deriva inevitabile il culto del sé, del successo facile, e del corpo come via per raggiungerlo: calciatori e veline ne sono, non a caso, massimi esponenti ed esempi.

Così i genitori, anche i migliori, sono rimasti soli. I loro no e i loro sì non corrispondono più a quelli del mondo che li circonda, che ai giovani regala sempre e solo *like*. I loro metodi educativi vengono costantemente smentiti o condannati dal contesto in cui i ragazzi vivono[5]. Nessun limite, nessun obbligo che provenga dalla famiglia trova più una legittimazione nel mondo di fuori.

Noi diciamo ai nostri figli di studiare e la scuola li promuove anche se non studiano. Noi ci raccomandiamo di non fare uso di droghe e le star dei social sdoganano lo spinello libero. Noi li invitiamo a non buttare i soldi dalla finestra e tutti i loro amici comprano tutto ciò che vogliono. Noi insistiamo perché leggano e la tv li spinge a tornare analfabeti.

Ho sostenuto queste tesi sul «Corriere della Sera» commentando qualche tempo fa il duplice delitto di Pontelangorino, un padre e una madre massacrati dall'amico del figlio su sua commissione e con la sua complicità, come in un sabba familiare[6].

[5] Cfr. Massimo Ammaniti, Paolo Conti, *Il mestiere più difficile del mondo (genitori)*, Milano, Edizioni del Corriere della Sera, 2016.

[6] Nella notte tra il 9 e il 10 gennaio 2017, a Pontelangorino in provincia di Ferrara, Manuel, un ragazzo di diciassette anni, entra nella camera da letto dove dormono i genitori del suo migliore amico e li uccide a colpi di ascia. Riccardo, il figlio sedicenne della coppia, aspetta che tutto sia finito in un'altra stanza, non ha il coraggio di assistere. È stato lui ad aprire la porta-finestra all'amico-complice, con il quale da mesi progettava il modo di liberarsi per sempre dei genitori. Gli ha offerto anche dei soldi per uccidere, mille euro, ma ha potuto dargliene solo ottantacinque come anticipo. Dopo il delitto i due tentano goffamente di occultare i cadaveri: «Gli abbiamo messo i sacchetti di plastica in testa perché non volevamo guardarli in faccia». Poi vanno a casa dell'altro a giocare alla playstation. Confesseranno la notte successiva. Il movente affonda nei misteri di un'amicizia morbosa che va avanti fin da quando erano bambini, ma è stato scatenato dall'insofferenza di Riccardo per i continui rimproveri dei genitori, che gli contestavano i cattivi voti a scuola: «Se non studi, allora devi venire a lavorare in ristorante». L'articolo cui si fa riferimento è *I no impossibili dei genitori ai loro ragazzi*, in «Corriere della Sera», 13 gennaio 2017.

Ne è nata un'ampia e aspra discussione, da cui è scaturito questo libro. È un viaggio nella solitudine dei genitori: le dodici stazioni di un'ideale via crucis. Un'indagine sui nemici della loro missione educativa, negli accampamenti dell'assedio quotidiano alla famiglia, nei campi di battaglia dove nessuno combatte più al loro fianco. Tutte le agenzie educative – dalla scuola ai media, dalla cultura popolare ai social, dalla politica alla Chiesa – si sono infatti ritirate dalla lotta o hanno preso a parlare un'altra lingua e a seguire un'altra agenda, perché hanno accettato il progetto della *disruption*. È un processo che ho visto avvenire sotto i miei occhi. Diventato padre in due momenti molto diversi e distanti della mia vita – tra la prima e la seconda volta è passato quasi il tempo di un'intera generazione –, ho potuto constatare per esperienza diretta come si modificavano le priorità e le scelte a mano a mano che cambiava il mondo intorno a loro.

A noi genitori non sembra rimasta che un'unica forma di legittimazione cui aspirare: quella che i figli stessi possono concedere oppure no. Se sei «buono», accondiscendente, aperto, pronto al dialogo, se non poni ostacoli ai desideri di tuo figlio, sei un buon padre o una buona madre. Se esprimi invece giudizi, se insisti o rimproveri, producendo quindi conflitto, sei un cattivo genitore, e nessuno ti verrà in soccorso. I figli sono diventati la giuria che emette il verdetto sui padri, come in un format televisivo. Per questo facciamo di tutto per risultare loro simpatici.

Il fallimento educativo – o, meglio, l'ignavia educativa che ne deriva – è una delle cause principali, non una semplice conseguenza, della più generale crisi morale e sociale dell'Italia. Ne è una prova il fatto che a parlare del disagio giovanile sui media oggi siano solo gli psicologi, mai gli educatori, gli insegnanti o i preti: come se il problema fosse nella psiche dell'adolescente o del bambino e non nella cultura della nostra società. Non è che un altro modo per colpevolizzare i genitori. Perché sottintende che, se le cose non vanno, la causa è nella famiglia che sbaglia e non nel mondo esterno che la contraddice. Si moltiplicano dunque i libri e i blog di consigli, i manuali, i vademecum per padri e madri, come se educare un ragazzo fosse una tecnica: fai così, fai cosà, segui il modello danese, quello coreano, sta' attento all'autostima di tuo figlio, non deprimerlo, non fargli sentire l'insuccesso, la severità non serve a niente, bisogna capire, dialogare, ricorda che tuo figlio deve «realizzarsi». Invece ciò che davvero serve oggi è un'autentica «guerra culturale» sull'emergenza educativa, schierandosi dalla parte dei genitori, riscrivendo le regole d'ingaggio del loro rapporto con i figli. A padri e madri bisognerebbe dire: non credete più a chi vi colpevolizza, riprendetevi i vostri figli, ribellatevi a chi sta alienando la vostra potestà, credete di nuovo possibile la vostra missione. Servirebbe una Santa Alleanza tra genitori e insegnanti, intellettuali, idoli del pop, stelle dello sport, per rilanciare il tema dell'educazione come la prima e vera emergenza nazionale, da cui dipendono tutte le altre; perché è nella *disruption* della famiglia che affondano le radici della nostra crisi. Dovremmo sottoporre a una critica di massa la cultura del narcisismo. E smetterla di ascoltare con un sorriso compiacente sulle labbra, come sto facendo io in questo momento, i miei figli che cantano insieme a Fedez: «E ancora un'altra estate arriverà / e compreremo un altro esame all'università / e poi un tuffo nel mare / nazionalpopolare / La voglia di cantare non ci passerà».

La crisi della fratellanza

I peggiori nemici dei genitori sono i «negazionisti». Potremmo chiamare così coloro che rifiutano di ammettere l'esistenza di un'emergenza educativa, e in genere negano qualsiasi emergenza, perfino le ondate di caldo estive, pur di non contraddire il loro ottimistico positivismo. Si tratta di una diffusa schiera di intellettuali che giungono alla stessa conclusione da due punti di partenza opposti. I primi, gli «integrati», sono quelli che hanno assunto col tempo un atteggiamento alla Pangloss, trasferendo la carica rivoluzionaria degli anni giovanili in un'acritica professione di fede nel capitalismo. Sono convinti di vivere nel migliore dei mondi possibili e sempre decantano le magnifiche sorti e progressive dell'Occidente: una situazione di benessere così elevato, e una capacità tecnologica così avanzata, a loro dire dovrebbero mettere a tacere ogni preoccupazione sulla condizione umana. Ci sono poi gli «apocalittici»: ipercritici, si lamentano continuamente dello stato delle cose, ma ne attribuiscono la causa alla sola questione sociale, negando importanza a ogni discorso culturale, e invocano più Stato sociale e più asili nido anche di fronte a disastri antropologici come il crollo della natalità.

Così, mentre il senso comune è pervaso da un allarme generale per le mille manifestazioni contemporanee del disagio giovanile, reazioni sdrammatizzanti provengono da un'élite colta che non appare molto turbata da quanto si vede in giro (anche perché nel frattempo ha mandato i figli a studiare all'estero), oppure crede che basterebbe un po' di welfare scandinavo per sistemare tutto. Di solito si tratta di intellettuali schierati a sinistra, progressisti, per così dire, il che è abbastanza tipico dell'atteggiamento di più generale «negazione» che sta prendendo corpo in quel contesto.

Sono gli intellettuali di sinistra, per esempio, a negare con forza che esista un problema di sicurezza nelle nostre città, contestando i dati sulla recrudescenza del crimine o sulla diffusione della microdelinquenza. E sono sempre loro a negare che vi sia un'emergenza immigrazione e una competizione per il lavoro con i migranti, affermando che i numeri non giustificano tanto allarme perché in definitiva si tratta di poche decine di migliaia di persone a fronte di una popolazione di circa sessanta milioni di italiani. E sempre loro negano che la partecipazione all'Unione europea comporti, con ogni evidenza, anche dei problemi per la crescita economica del nostro paese, limitandosi a rispondere che «l'Europa è un'opportunità». (L'unica emergenza sulla quale, per fortuna, concordano è quella dei cosiddetti «femminicidi», cioè degli omicidi di giovani donne a opera di ex mariti, fidanzati e maschi predatori: in quel caso la correttezza politica evidentemente consente di allarmarsi e dunque la drammatica realtà contemporanea non viene paragonata al passato per negarla).

Questo chiudere gli occhi a sinistra di fronte ai problemi più acutamente avvertiti dall'opinione pubblica è un fenomeno sorprendente, e per certi aspetti misterioso, soprattutto per chi – come me – da quel mondo proviene, e ricorda bene come fino a non molti anni fa la sua vocazione fosse al contrario la denuncia costante, talvolta persino esagerata, dei problemi del presente, e l'ansia del cambiamento. Oggi, invece, la gauche intellettuale sembra paga del mondo com'è, quasi fosse opera sua. Un atteggiamento che finisce per alienarle le simpatie popolari, perché appare sideralmente lontano dal senso comune. Vi si avverte il retaggio di uno storicismo di origine marxista, che considera il processo storico come un'inevitabile e progressiva liberazione dell'uomo dai vincoli del passato. Le radici di questa cultura affondano nella dialettica hegeliana per cui «tutto ciò che è reale è razionale»; ma l'esito è una concezione ingenuamente ottimistica della storia, intesa come una freccia che va in una sola direzione, e in cui il presente ha sempre ragione sul passato. La retorica «modernista» che ne consegue è perfettamente a suo agio con l'enfasi giovanilistica dei nostri tempi.

Due sono le principali obiezioni che vengono di solito sollevate da questa élite a ogni allarme sull'incomunicabilità tra le generazioni. La prima dice: «Ma è stato sempre così». La seconda aggiunge: «Ma non tutti i giovani sono così». Consideriamole separatamente.

È certamente vero che anche in passato si sono determinate fratture capaci di accendere il conflitto e la rivalità tra genitori e figli, talvolta con conseguenze sociali e politiche rilevanti per la vita della comunità. Basti considerare gli esempi che dall'antichità classica ci giungono attraverso le numerose fonti scritte di cui disponiamo, *in primis* la tragedia greca[1]. Lo scontro fra padri e figli è davvero un *topos*.

Nelle *Nuvole* di Aristofane la tensione assume esplicitamente la fisionomia di un conflitto generazionale, rappresentato sotto forma di vera e propria sfida tra il Discorso Giusto e il Discorso

[1] Ce ne offre un affascinante catalogo Eva Cantarella, nel suo *Non sei più mio padre. Il conflitto tra genitori e figli nel mondo antico*, Milano, Feltrinelli, 2015. Nell'*Antigone* di Sofocle, per esempio, il giovane Emone si ribella alla concezione proprietaria della sovranità impersonata dal padre Creonte, fino ad alzare prima l'arma su di lui e poi a darsi la morte. Nell'*Alcesti* di Euripide assistiamo al vero e proprio delirio egoistico del giovane Admeto, che pretende che sia il padre Ferete a morire al posto suo. Splendida la risposta del genitore: «Ti ho messo al mondo, ti ho allevato, erediterai i miei beni. Perché dovrei anche darti la mia vita?».

Ingiusto, «personificazione rispettivamente degli anziani e dei giovani e dei loro diversi valori»[2]. Causa del litigio è la capacità acquisita dai giovani, grazie alla tecnica appresa dai sofisti, di vincere anche nei tribunali il confronto con la generazione precedente (un po' la stessa abilità che devono avere oggi i giovani politici in tv per poter «rottamare» i predecessori).

Furono i giovani a spingere verso la sciagurata spedizione in Sicilia che segnò l'inizio della fine dell'età dell'oro ateniese, e a loro venne attribuita più tardi la colpa della disfatta. Guardando indietro, molti decenni dopo, Isocrate rimpiangerà nell'*Areopagitico* l'epoca in cui «i giovani non trascorrevano il tempo nelle case da gioco, né con le suonatrici di flauto, né in altre compagnie del genere, e consideravano come una grave contraddizione biasimare gli anziani più di quanto oggi non sia mancare gravemente nei confronti dei propri genitori»[3].

Per quanto numerosi siano stati nella storia i precedenti di conflitto generazionale, sono altrettanti i casi in cui un atteggiamento di esaltazione giovanilistica ha prodotto disastri e si è poi capovolto nel suo opposto.

Ma, a chi sostiene che nella crisi educativa del nostro tempo non c'è niente di nuovo, bisognerebbe innanzitutto domandare: se anche così fosse, in che modo l'esistenza di precedenti dovrebbe rendere meno acuto un problema attuale? Forse che di fronte al rischio di una nuova guerra saremmo pronti ad alzare rassegnati le spalle mormorando: «Tanto la guerra c'è sempre stata»? O, ancora, dovremmo accettare la corruzione e la prostituzione come mali inevitabili solamente perché sono sempre esistite? Ricordare e studiare il passato è certamente un metodo efficace per tenere conto delle costanti del comportamento umano mentre giudichiamo quello dei nostri contemporanei, così da

[2] Cantarella, *Non sei più mio padre*, cit., p. 122.
[3] *Ibid.*, p. 146.

non prendere abbagli. Ma in nessun modo una tale consapevolezza può ridurre la gravità dei problemi che abbiamo di fronte, o rendere meno necessario affrontarli.

D'altra parte non è neppure vero che «è *sempre* stato così». In molti momenti della storia nazionale la trasmissione dei valori dai genitori ai figli ha funzionato, producendo solidarietà intergenerazionale e conferendo dinamismo e forza alla società. Il sociologo Franco Garelli, in un suo saggio equilibrato anche se polemico verso chi tende a drammatizzare la gravità della questione educativa, riporta il brano di una ricerca, svolta nella provincia di Milano tra gli anni cinquanta e sessanta del Novecento, in cui due allora giovani sociologi, Francesco Alberoni e Guido Baglioni, descrivevano così le nuove generazioni del tempo: «Praticamente senza alcuna eccezione condividono i valori che possono essere considerati tradizionali in queste zone: la famiglia che come istituto non viene discusso, per cui tutti pensano con serietà a sposarsi; il lavoro, per cui il fannullone è disprezzato alla stessa stregua del ladro, la moderazione e l'oculatezza nello spendere il denaro, per cui lo spreco, l'ostentazione, ma anche l'avarizia e l'ansietà, sono derisi; la competenza e l'iniziativa unite ad un realismo nel proporsi gli scopi. Accanto a questi valori tradizionali, si sono integrate, senza alcuna frizione, alcune idee moderne sull'importanza dell'istruzione come strumento per acquisire una competenza e assicurarsi una posizione sociale (realizzabile) e l'incomprensione della cultura (istruzione) fine a se stessa. L'orizzonte politico di questi giovani è limitato, ma costantemente tenuto nella sfera del possibile e del realizzabile, e la società ai loro occhi appare come un sistema comprensibile in cui chi è intelligente e onesto si può inserire al posto giusto»[4].

Un bel mondo, vero? Non proprio paragonabile al nostro. Nonostante siano passati solo pochi decenni, risulta infatti evidente

[4] Franco Garelli, *Educazione*, Bologna, il Mulino, 2017, pp. 31-32.

che non ci sono più le condizioni sociali, economiche e politiche che consentivano quel clima culturale. Di conseguenza, è inutile rimpiangere un passato che non è replicabile. Per esempio, ai nostri giorni non appare davvero agevole il raggiungimento, attraverso l'impegno e la serietà, di una «posizione sociale», e difficilmente il lavoro può essere ancora apprezzato come un valore se i giovani non lo conoscono prima dei trent'anni, e in alcuni casi non lo incontrano mai.

Eppure la fotografia realizzata a suo tempo da Alberoni e Baglioni ci consente di affrontare uno dei nodi cruciali del nostro discorso. Quei valori che spesso rimpiangiamo, non sono condivisi dai giovani d'oggi solo perché non sussistono più le condizioni sociali che li sostenevano? O, al contrario, la scomparsa di quelle condizioni sociali è anche un effetto del tramonto di quei valori? In altri termini: l'origine della crisi è solo economica e politica? O non è invece anche – e soprattutto – culturale, dal momento che il modo in cui una comunità pensa se stessa può modificare profondamente anche il suo modello sociale?

Un esempio: i meccanismi di trasmissione dell'eredità (materiale e immateriale) da una generazione all'altra cambiano radicalmente in una società in cui i nonni sono diventati più numerosi dei nipoti. La sociologa Chiara Saraceno, studiosa di solito più attenta alle cause sociali che a quelle culturali dei problemi, riconosce tuttavia nella crisi demografica del nostro momento storico un unicum, segnalandone la novità senza precedenti: «Più generazioni si trovano a convivere in contemporanea per lunghi periodi di tempo [...]. Sono pochi, in una rete familiare, coloro che appartengono alla generazione più giovane, mentre sono comparativamente di più coloro che sono nella penultima generazione. Così i bambini hanno pochi o nessun fratello e pochi o nessun cugino. Viceversa, per lunghi tratti della vita, hanno spesso tutti e quattro i nonni, diversi zii e zie di secondo grado, e anche qualche bisnonno. L'aumento delle speranze di vita ha effetti anche sulle carriere generazionali... Queste diventano più lunghe e più intrecciate tra loro, dando luogo ad esperienze inedite nella storia dell'umanità, almeno nella loro diffusione»[5].

Ma dietro questo fenomeno contemporaneo, davvero di incalcolabile portata, non c'è solo l'«aumento delle speranze di vita», prodotto dal progresso scientifico e medico, dal miglioramento delle condizioni ambientali in cui viviamo e dalla riduzione dei lavori pesanti e usuranti del passato, tutte cose a cui ovviamente non rinunceremmo mai. Esso dipende anche e soprattutto dalla carestia di culle, e cioè dal fatto che, in Italia ma non solo, non nascono più bambini in numero sufficiente per pareggiare o addirittura sopravanzare il numero degli anziani che muoiono. Quello che viene presentato come un rapporto di causa-effetto tra un cambiamento sociale (l'invecchiamento della popolazione) e uno culturale (la crisi educativa) potrebbe in realtà essere addirittura ribaltato. Potrebbe essere la cultura della nostra società a provocare la crisi demografica. Se fosse infatti davvero la crisi economica la ragione per cui non si mettono più al mondo dei figli, allora perché i più poveri tra noi ne hanno di più dei benestanti? Per quale ragione, poi, se ne fanno molti meno in Italia che in Francia, dove pure le condizioni economiche non sono così diverse? E perché mai gli immigrati sono più prolifici di noi, pur dovendo affrontare una vita che presenta difficoltà decisamente maggiori?

Pretendere di spiegare un cambiamento con il fatto che tutto è cambiato è un truismo, e cercarne sempre le cause oggettive può renderci miopi di fronte a quelle soggettive, che invece molto spesso ne sono alla base, come avviene con tutta evidenza nel campo delle nascite, dove i numeri complessivi della demografia sono fatti dalla somma di tante scelte individuali compiute all'interno delle famiglie. La cultura cambia i valori non meno, forse anzi più, dell'economia. Affermare che la crisi economica è anche

[5] Chiara Saraceno, *L'equivoco della famiglia*, Roma-Bari, Laterza, 2017, pp. 31-32, 101.

conseguenza del fatto che facciamo meno figli è, a mio modo di vedere, perfettamente plausibile. Così come lo è sostenere che è stato il modificarsi del modello culturale di relazione tra le generazioni ad aver prodotto una società meno coesa, meno solidale e in definitiva meno prospera.

L'effetto del crollo della natalità sul sistema di valori e sulla realtà sociale della nostro paese è stato a lungo un cruccio solo per la destra cattolica e tradizionalista, e ogni tentativo di far qualcosa è stato puntualmente irriso dalla cultura laica come un'anacronistica nostalgia per le politiche «nataliste» del regime fascista: di recente fu coperta di insulti e sarcasmo una campagna del ministero della Salute che, seppure in modo alquanto goffo, si proponeva giustamente di invitare i giovani a curare le cause di sterilità per poter avere bambini. Ma il clima sta cambiando. O almeno si spera. L'allarme culle vuote comincia a diffondersi anche in ambienti di quella sinistra progressista che pure è stata alla guida del fronte per il controllo delle nascite.

Lo scrittore Christian Raimo, per esempio, ha trovato un intelligente nesso tra la crisi demografica e il declino del valore dell'uguaglianza: «Dov'è, mi posso domandare, che io ho imparato il valore dell'uguaglianza? Quand'è che ho vissuto questo valore? [...] penso prima di tutto in famiglia. Io ho una sorella, e credo sia stato fondamentale sapere tutti i giorni della mia infanzia che c'era qualcuno accanto a me che aveva i miei stessi bisogni, qualcuno in cui rispecchiarmi... Nel tempo siamo diventati solidalissimi, io e mia sorella. Questa solidarietà fraterna è stata, esageriamo, in nuce un piccolo esempio di coscienza di classe»[6]. Non era dunque per caso che la Rivoluzione francese inseriva nella sua triade di valori, accanto a libertà e uguaglianza, proprio la fraternità. Ma senza più fratelli, come si può essere fraterni?

[6] Christian Raimo, *La mia generazione*, in minima&moralia, 27 luglio 2017, www.minimaetmoralia.it/wp/la-mia-generazione/.

Questa è solo una delle ragioni per cui – voglio qui sgombrare il campo da ogni possibile equivoco – segnalare la crisi del meccanismo di trasmissione di valori tra le generazioni non significa dare la colpa ai giovani, e neanche indulgere in una raffigurazione a tinte fosche della loro realtà (tentazione peraltro sempre in agguato in chi giovane non è più ed è portato a magnificare le qualità del passato). Non è mia intenzione insomma associarmi alla giaculatoria sui giovani pigri, «indivanati», imbelli, annoiati, mitridatizzati dalla tv, dalla discoteca e dall'alcol.

Innanzitutto perché, se li troviamo così spesso sdraiati (come nel titolo di un fortunato libro), la causa principale sta nel fatto che mai dal dopoguerra a oggi hanno avuto così poco da fare, così scarse opportunità di occupazione e dunque di autonomia e indipendenza.

Basterebbe questo per invalidare l'argomento secondo il quale «è sempre stato così». È vero il contrario: non è *mai* stato così. Non è mai successo, per esempio, che i giovani italiani lasciassero la casa paterna per andare a vivere da soli o per sposarsi all'età media di trent'anni, e del resto non avviene in nessun altro paese dell'Occidente[7].

Non era mai successo che il tasso di disoccupazione tra i quindici e i ventiquattro anni toccasse il 40%. Nel 1977, quando cominciarono le serie statistiche dell'Istat, era al 22%, e nei decenni precedenti, con il boom economico, anche più basso.

Non era mai successo che quei pochi giovani precoci che mettono su famiglia tra i diciotto e i trentacinque anni fossero così poveri[8]. La percentuale di ragazzi che cercano un lavoro senza trovarlo è doppia rispetto ai paesi dell'area della moneta unica e

[7] 30,1. Nello specifico: 31,3 per gli uomini. Appena dieci anni fa l'età media era più bassa: 29,5 anni. Fonte: dati Eurostat.

[8] Fatto 100 il loro reddito nel 1995, oggi è a 40. I minori in condizioni di povertà assoluta sono il 12,5% del totale, un milione e trecentomila bambini. E i giovani poveri tra i diciotto e i trentaquattro anni sono il 10%, mentre dieci anni fa non arrivavano al 3%.

negli ultimi vent'anni il reddito degli over sessantacinque è cresciuto del 19%, mentre quello degli under trentacinque ha avuto un crollo del 15%. Di conseguenza, più della metà dei poveri è costituita da giovani fino a trentaquattro anni, mentre gli anziani sono solo un ottavo[9]. L'intero sistema di welfare è orientato contro i giovani: a usufruire dei principali contributi assistenziali sono per l'85% gli ultrasessantacinquenni.

Non è così ovunque. La gioventù italiana, dal punto di vista economico, sta molto peggio che nel resto d'Europa. Deteniamo il record di Neet, giovani che non studiano, non lavorano e non stanno neanche svolgendo alcun tipo di formazione o apprendistato. Un ragazzo su cinque in Italia non fa nulla. E non perché sia pigro, ma perché si è perso, non sa che fare.

Si potrebbe concludere che l'Italia non è un paese per giovani. Non è ai nostri figli che dobbiamo dunque rivolgere la nostra critica, bensì agli adulti che hanno costruito una società che li idealizza ma non li usa, e che propone modelli culturali che hanno come corollario inevitabile, quasi un prezzo da pagare, lo sbandamento delle nuove generazioni. Su questo concordo pienamente con Chiara Saraceno quando sostiene: «Che cosa va riconosciuto come eredità positiva nel passaggio generazionale, che cosa va mantenuto, che cosa va cambiato e che cosa trasformato è/dovrebbe essere oggetto di processi di riflessione e negoziazione intra e inter generazionale [...]. Che ci siano le condizioni perché ciò possa avvenire è responsabilità di ciascuna generazione, ma direi prioritariamente di quelle più mature per età ed esperienza. Proprio queste, tuttavia, cui pure appartengo, mi sembrano singolarmente incapaci di farlo. Temo che la generazione attuale non possa dire, come Bernardo di Chartres, un filosofo francese del XII secolo, "Siamo come nani sulle spalle di giganti"»[10].

[9] Cfr. Veronica De Romanis, *L'austerità fa crescere. Quando il rigore è la soluzione*, Venezia, Marsilio, 2017.

[10] Saraceno, *L'equivoco della famiglia*, cit., p. 104.

Se dunque appare del tutto errato sostenere che in fin dei conti i ragazzi di oggi non avrebbero più motivi di essere arrabbiati dei loro coetanei di altre epoche, risulta però a mio parere infondata anche l'obiezione secondo la quale «i giovani non sono tutti così».

Dopo l'articolo che scrissi sul «Corriere della Sera» a seguito dei fatti di Pontelangorino, fra le tante mi arrivò una lettera firmata da un ventenne che contestava la mia analisi, a suo dire troppo severa, e rivendicava alla sua generazione meriti, valori, capacità di sacrificio. Mi parve giusto dare spazio sul giornale a quella testimonianza di dissenso rispetto alla mia denuncia della «cultura del narcisismo» dei giovani, lasciando la parola a uno di loro. Così la pubblicammo con il titolo *Non siamo tutti narcisi. Tanti ragazzi ci mettono la voglia e il sudore.*

«Mi dispiace», mi scriveva Andrea, «ma lei di questa società moderna, di questi giovani, di questi ragazzi del nuovo millennio, ha analizzato soltanto quello che risalta di più, e quello che risalta di più in televisione, sui giornali e molto spesso sui media "tradizionali", è quello che ha descritto lei. Si è perso la metà del mondo dei giovani italiani. Si è perso chi studia, chi lavora, chi aiuta in famiglia. Si è perso tutte quelle storie che non fanno numeri in televisione e sui giornali, si è persa tutta quella gioventù che non trovando più le possibilità e i lavori che facevano i padri, si è inventata nuove occupazioni... Un consiglio spassionato da un ragazzo di vent'anni: raccontateci anche quello che secondo voi non va ma dateci sempre anche la parte positiva. Cercatela, c'è sempre».

Leggendo quella lettera mi vennero molti sensi di colpa. Ancor prima del contenuto, a colpirmi era stata la forma: sono sensibile alla buona scrittura tanto da avere un pregiudizio favorevole nei confronti di chi ne è capace. Per questo suggerii agli autori di una trasmissione televisiva nella quale si discuteva del tema di dare la parola anche ad Andrea. Vederlo e sentirlo in tv fu per me una cocente delusione. Quel ragazzo che pretendeva di parlare a nome della sua generazione in realtà era troppo diverso dai coetanei per poterli rappresentare: non vestiva come loro, non si esprimeva come loro, e sospetto che non si divertisse neanche come loro. Temo che ai loro occhi somigliasse piuttosto a quel tipo giovanile che gli americani definiscono *nerd*: ragazzi che cercano la propria identità nell'eccellenza solitaria piuttosto che nella socializzazione generazionale, e dunque tra i meno indicati a interpretare i pensieri dei coetanei.

È evidente che ci sono tantissimi giovani seri, impegnati, capaci di prendere dai genitori i valori migliori delle generazioni precedenti e disposti a sacrifici per costruirsi una vita piena anche nelle difficili condizioni sociali ed economiche del nostro tempo. Ma il fatto che esistano e che siano anche tanti non risolve il problema di cui stiamo discutendo. La constatazione che non tutti i giovani condividano «la cultura del narcisismo» non significa che la nostra epoca non ne sia dominata. Perfino se i «non narcisi» fossero in maggioranza, come forse è, il modello prevalente che la società degli adulti ha costruito e che propone ai figli di oggi resta quello narcisista. Ecco perché l'obiezione per cui «ci sono in giro tanti ragazzi meravigliosi» è allo stesso tempo molto vera e molto inutile, perché non dà alcuna risposta al problema che abbiamo di fronte. Né placa l'ansia dei giovani. La mia figlia maggiore, che sicuramente appartiene al novero dei «ragazzi meravigliosi» (una persona – come si sarebbe detto un tempo – con la testa sulle spalle, eppure pienamente partecipe del suo tempo), la descrive così: «Un'ansia costante, in cui sei troppo grande per cazzeggiare e divertirti al posto di adempiere ai tuoi doveri (e ti senti in colpa se lo fai), ma sei ancora troppo giovane per essere soddisfatto della tua vita e degli obiettivi che hai raggiunto, perché ancora non ne hai raggiunto nessuno e ancora non hai capito cosa vuoi e chi sei, e vivi sempre pensando che in quel momento dovresti fare un'altra cosa, o essere altrove, o essere migliore, o essere diversa».

È la sindrome che una blogger ventitreenne americana ha sintetizzato con queste parole: «Abbiamo capito che la vita è bella, ma non riusciamo a smettere di preoccuparcene»[11]. Ed è uno stato d'animo che noi adulti non possiamo capire fino in fondo. Per dirne una, io all'età di mia figlia lavoravo da quattro anni, e la mia unica incertezza era quale sarebbe stato il mio prossimo incarico e la mia prossima città.

Non è la condizione dei giovani di oggi.

Ho trovato per questo più sincere le tante lettere di giovani che contestavano invece l'approccio ottimistico di Andrea[12].

Per quanto mi riguarda, sposo in pieno le parole che ha usato Bianca, venticinquenne toscana: «Dire che "c'è anche altro" di cui parlare riguardo ai giovani non è una risposta, non è una proposta di soluzione... Ricordo di essere stato un tipino tutt'altro che facile da gestire, dai sedici anni in poi. Eppure nella mia mente è sempre stato ben chiaro il concetto di "autorità", ciò che per me era giusto o sbagliato, ammissibile o no, e non si discostava molto dalla definizione che ne davano i miei genitori». Ecco il significato della «trasmissione di valori», della «tradizione»: un processo nemmeno troppo complicato quando avviene naturalmente, sotto forma di scambio tra generazioni diverse, che condividono però il discernimento morale necessario a valutare insieme i fatti della vita.

«Invece l'apatia e l'aggressività», proseguiva Bianca, «che leggo in certi sguardi, nei gesti che molti adolescenti fanno senza la minima timidezza in pubblico, mi spaventano; mi è capitato di cogliere brandelli di conversazione di un cinismo e di un'arroganza da far rabbrividire. Riesco ad immaginare senza sforzo la

[11] Molly Sprayregen, *Il cervello a 23 anni*, L'Huffington Post, 6 novembre 2014, www.huffingtonpost.it/molly-sprayregen/il-cervello-a-23-anni_b_6113234.html.

[12] «Sicuramente», mi ha scritto per esempio la diciannovenne Letizia, studentessa all'università di Trento, «da qualche parte ci sono ancora dei giovani che vogliono rimboccarsi le maniche e lottare, ma si tratta di dire le cose come stanno: spesso sono proprio i genitori stessi che trasmettono ai figli la cultura del narcisismo e del successo facile. E quante volte a scuola ho assistito a scene di esaltazione di questa cultura narcisistica tra l'indifferenza degli insegnanti?».

dolorosa impotenza quotidiana e il turbamento del genitore che non capisce azioni, parole e silenzi di un figlio che conosce da più tempo di chiunque altro ma con cui non riesce più a comunicare... Prendere coscienza del cattivo stato di salute della nostra società è il primo passo verso la sua guarigione e un'analisi lucida e senza sconti di ciò che non va, per la mia esperienza personale, spesso insegna meglio delle storie a lieto fine».

«Prendere coscienza». Sembra un'espressione di altri tempi. Eppure una volta era il mantra di quella stessa sinistra colta che oggi preferisce invece negare.

Quando il rimprovero uccide

«I rimproveri non hanno mai ucciso nessuno», ha detto Claudio Mencacci, presidente della Società italiana di psichiatria[1]. Se si riferiva a chi li riceve, ha ragione. Se intendeva chi li muove, allora ho i miei dubbi. Manuel e Riccardo, i due ragazzi di Pontelangorino; Erika e Omar, i fidanzatini di Novi Ligure; Pietro Maso, il bello e dannato; Ferdinando Carretta e la famiglia sparita con il camper; Federico che si scatta il selfie dopo aver ucciso la madre con otto coltellate e lo posta su Facebook con la frase: «Le carezze sui graffi si sentono di più»; il minorenne che strangola la madre in Calabria e per far credere agli inquirenti che è caduta dalle scale il giorno dopo si fa un tatuaggio con la scritta: «Nemmeno la morte ci separerà, ti amo, mamma»; Doretta Graneris, l'archetipo di tutte le stragi familiari, che con un colpo di pistola alla volta uccide padre, madre, nonni e fratellino: in ognuna di queste storie terribili finite sulle prime pagine dei giornali, c'è sempre un calvario di rimproveri, la tensione estrema con genito-

[1] *Gela, il mistero del suicidio di una tredicenne. Gli esperti: "I rimproveri non hanno mai ucciso nessuno"*, Sì24.it, 27 marzo 2017, www.si24.it/2014/03/27/gela-il-mistero-del-suicidio-di-una-tredicenne-gli-esperti-i-rimproveri-non-hanno-mai-ucciso-nessuno/44366/.

ri che dicono un no, ai soldi, o all'uso delle droghe, o alle cattive amicizie, o infliggono una punizione (pare che oggi la più insopportabile di tutte, quella che provoca più tragedie familiari, sia diventata il divieto di usare iPhone e tablet per qualche giorno). Nelle sentenze dei giudici che condannano questi ragazzi si legge spesso l'aggravante «per futili motivi». Altro che futili.

Il rimprovero da parte dei genitori, qualcosa che generazioni di figli hanno accettato e sopportato come un evento naturale, come la pioggia d'autunno o il caldo d'estate, sembra essere diventato intollerabile per i ragazzi di oggi. Le storie che finiscono in fatti di cronaca nera sono ovviamente eccezioni fuori dal comune, devianze figlie di patologie la cui genesi è da ricondurre a problemi psicologi o psichiatrici, e che dunque non permettono nessuna generalizzazione. Però nelle innumerevoli interviste televisive agli adolescenti, raccolte per strada o davanti alla scuola, che fanno di solito seguito a queste tragedie familiari e vengono mandate in onda con i pixel a coprire i volti per non violare le norme sulla protezione dei minori, si avverte un sentimento comune e diffuso: per tantissimi giovani la colpa maggiore dei genitori è che «si accollano». Dove «accollarsi» sta per «mettersi in mezzo», «dare fastidio», «scocciare».

A padri e madri viene contestato cioè proprio il ruolo di normatori e sorveglianti, considerato il principale ostacolo alla spensierata realizzazione dei desideri dei figli o, come si direbbe oggi, alla loro piena autorealizzazione. Dei genitori si lamenta la petulanza con cui richiamano a doveri, regole, obblighi. E la formula più «politicamente corretta» che i giovani usano per mascherare questa insofferenza è: «Non ci capiscono».

Non tutti i figli che subiscono rimproveri uccidono i genitori. Ma tutti quelli che finiscono con l'uccidere i genitori hanno avuto con loro un conflitto e non sono stati capaci di gestirlo. Abbiamo davanti a noi una moltitudine di ragazzi fragili come non mai. Ogni ferita narcisistica, ogni offesa all'amor proprio e all'autostima, rischia di provocare reazioni forti, persino violente. Negli

Stati Uniti il suicidio è la seconda causa di morte per bambini e giovani di età fra i dieci e i ventiquattro anni, con 5240 tentativi al giorno. Avrà a che fare con il narcisismo di questa generazione?

Nel maggio 2013 «Time Magazine» pubblicò una copertina che fece scandalo. Una ragazza sdraiata per terra si scatta un selfie, mentre sulla sua immagine campeggia il titolo *The ME, ME, ME Generation*, seguito dal sottotitolo *I millennial, pigri narcisisti che vivono ancora con i genitori*. L'autore del servizio, Joel Stein, riportava tra le varie statistiche anche quelle sulla diffusione dei disordini mentali del National Institute of Health, secondo cui la personalità narcisistica è oggi tre volte più diffusa in chi ha tra i venti e i trent'anni che nella classe d'età dai sessantacinque in su. Aggiungeva inoltre che nel 2009 gli studenti di college che nei test dimostravano un alto grado di narcisismo erano il 58% in più che nel 1982.

Molti giornali contestarono la tesi di «Time». «The Atlantic» mise addirittura in discussione le statistiche: «Non è che le persone nate dopo il 1980 sono narcisiste, è che i giovani sono sempre più narcisisti degli anziani, e lo sono sempre meno invecchiando»[2]. Ancora una volta, dunque, niente di nuovo sotto il sole. Ma è davvero così?

A me pare difficile contestare che l'estrema sensibilità al rimprovero sia oggi uno dei tratti tipici di una generazione che non è abituata a essere criticata.

Quando ero ragazzo i comportamenti sbagliati venivano sanzionati da uno stigma sociale. Le regole di disciplina che ci venivano proposte erano pressoché le stesse a scuola, in famiglia, in parrocchia, in pubblico, al cinema, dovunque ci fossero degli adulti che vigilavano. Eravamo dunque tutti preparati al rischio della riprovazione generale se insistevamo nel violarle. Le mam-

[2] Elspeth Reeve, *Every Every Every Generation Has Been the Me Me Me Generation*, The Atlantic, 9 maggio 2013, www.theatlantic.com/national/archive/2013/05/me-generation-time/315151/.

me non facevano uscire le figlie con quelli di noi che si comportavano male. Tra le famiglie esisteva una solidarietà fortissima, i genitori si scambiavano informazioni sul comportamento fuori casa dei figli, gli insegnanti a scuola facevano lo stesso e, se ci punivano, a casa venivamo puniti una seconda volta. I giovani di prima, insomma, erano più soli in un mondo di adulti solidali tra loro, e forse per questo diventarono anche più ribelli, mettendo in discussione l'autorità dei padri. Oggi prevale un atteggiamento molto più tollerante. Ai giovani è concessa la «trasgressione», come si usa dire; anzi, è richiesta, altrimenti che gioventù sarebbe?

Del resto sono gli stessi ragazzi a descrivere oggi l'«autenticità» come valore assoluto, priorità cui ispirare la propria vita. E l'autenticità, per principio, mal sopporta le regole o i doveri. «Difendo la genuinità e non voglio far finta di essere qualcosa che non sono», «Sono orgoglioso di essere quello che sono e non temo di essere me stesso», «Apprezzo le persone che non temono di mostrare la loro vulnerabilità e il proprio lato oscuro»: sono le descrizioni che hanno registrato il più ampio consenso (oltre il 90%) nel corso di un'inchiesta realizzata dal «Corriere della Sera» in collaborazione con Mtv. Descrivono i punti chiave condivisi da una generazione che si definisce *unapologetic*, traducibile con «senza rimorsi», «senza remore» o, più alla lettera, «che non chiede scusa». Tutto bellissimo e spontaneo, intendiamoci, per i parametri odierni. Ma come si diventa adulti senza mai provare rimorso, senza pentirsi di nulla? E, soprattutto, come si risponde a un adulto che ti domanda di chiedere scusa e di correggerti?

In questo clima il rimprovero in famiglia è diventato non solo molto difficile, ma spesso anche inefficace: risulta stonato, rispetto al coro che si sente lì fuori. Per fortuna non finisce sempre in conflitti violenti, ma in tensioni, liti, proteste e scontri sì, eccome. Al punto che spesso ci chiediamo se ne vale la pena. Se dobbiamo impuntarci e combattere, diventare antipatici ai nostri figli, esattamente quello che oggi pedagogia e psicologia ci dicono di non fare, perché ormai l'unico modo di essere considerati buoni genitori è ricevere l'approvazione dei propri ragazzi. Oppure se non è meglio lasciar perdere, passarci su, preferire un pomeriggio tranquillo a una serata d'inferno, comportarsi piuttosto da fratelli maggiori, avvocati d'ufficio, sindacalisti dei nostri ragazzi, rassicurandoli che saremo sempre dalla loro parte, qualsiasi cosa abbiano fatto o non fatto.

Non a caso il conflitto più aspro avviene sul rendimento scolastico. È ovvio che sia così. A parte una minoranza di iperdotati, infatti, per i giovani lo studio è inevitabilmente sacrificio, disciplina, fatica, impegno. Tutte cose che fanno a pugni con lo spirito del tempo e con la cultura del narcisismo. Chiunque abbia figli sa quanto sia dolorosa e costante questa tensione, che comincia subito, fin dalle elementari, e non finisce nemmeno all'università. I ragazzi arrivano a fare qualsiasi cosa per sottrarvisi. L'aneddotica è infinita. C'è il giovane che riesce a ingannare i genitori per anni, fingendo di aver sostenuto esami a cui non si è nemmeno presentato ed esibendo libretti universitari contraffatti. C'è il ragazzo che scoppia a piangere come un bambino ogni volta che il padre accenna al tema dello studio, nella speranza che quel tanto di regressione infantile lo salvi da un'imbarazzante discussione. C'è chi dà in escandescenze, per intimidire e indurre i genitori a più miti consigli. Chi affigge il cartello *keep out* alla porta della propria camera, chi non fa neanche lo sforzo di togliersi dalle orecchie gli auricolari (e allora tanti saluti al mitico dialogo). Padri e madri non sanno che fare: fidarsi dei figli e del loro senso di responsabilità, rischiando di venirne traditi? O trasformarsi in occhiuti sorveglianti, rischiando di esserne odiati?

Lo spaesamento è testimoniato da un'espressione che usiamo correntemente nelle nostre conversazioni, quando alla domanda: «Che fai?» rispondiamo: «Sto facendo fare i compiti a mio figlio». «Far fare»: un unicum della lingua italiana, una costruzione verbale che si applica solo alla lotta quotidiana con gli studi dei figli.

Ma c'è anche un'altra ragione per la quale i nostri ragazzi hanno così tanta difficoltà nell'approccio allo studio, e non attiene solo all'autodisciplina e al sacrificio che la scuola richiede. Essi infatti avvertono che lo spirito del tempo è in costante polemica contro la cultura, contestata come un'altra forma di «tradizione» e di trasmissione di un'eredità, come un altro pericoloso peso («bagaglio culturale», si dice) che impedisce la piena libertà e realizzazione di se stessi.

La cultura è per definizione mediazione e non può dunque coincidere con l'immediatezza proposta ai giovani come valore. Ma l'essere umano è esso stesso mediazione, ossia capacità di filtrare, capire, esprimersi usando la griglia di conoscenze e di pensiero che ci è fornita dall'eredità del passato. Poiché l'imperativo del tempo è negare ogni mediazione in nome della spontaneità, e al giovane si chiede di «essere se stesso», la cultura è diventata un formidabile nemico della modernità. La polemica anticulturale è ovunque. Di più: «Le odierne "controculture" e le polemiche New Age, con le loro ascendenze nel dissidio con i libri, proprio del primitivismo religioso e dell'anarchia pastorale, bollano la conoscenza formale e la ricerca scientifica come strategie di sfruttamento, di dominio di classe»[3].

A essere contestata non è solo l'autorità dei padri, ma anche quella di chi insegna o può insegnare, degli esperti, di chi sa perché è colto, perché ha letto o studiato, di chi crede in qualcosa. Dunque, in fin dei conti, a che serve la scuola? L'uomo nuovo si forma dando ascolto ai suoi istinti e ai suoi sentimenti, seguendo la sua natura, e tanto più sarà se stesso quanto più saprà liberarsi del peso inutile del sapere. Come ogni uomo nuovo, quando sentirà la parola cultura metterà mano alla pistola (secondo il celebre motto di Baldur Benedikt von Schirach, capo della Hitler-Jugend, la Gioventù hitleriana, in un altro momento della storia in cui i giovani andavano molto di moda).

[3] Steiner, *La lezione dei maestri*, cit., p. 12.

Davvero è il trionfo dell'ideale dell'*Émile* di Rousseau – formare «un selvaggio destinato ad abitare in città» –, solo oggi realizzabile, perché solo oggi l'umanità dispone di un'alternativa semplice e pratica alla cultura: il web. Tutto ciò che serve può essere trovato in Rete, la storia e la memoria, la scienza e il sapere. Bando ai libri e a qualsiasi forma di *auctoritas*, dunque. La Rete è conversazione, non noiosa istruzione. Tutti possono partecipare. Soprattutto è uguaglianza: le fonti hanno tutte la stessa rilevanza. Non c'è niente di più democratico, nulla che possa servire meglio l'obiettivo della decostruzione dell'autorità.

Ma se la cultura diventa sostanzialmente inutile, alla scuola non restano che compiti pratici e utilitaristici: la distribuzione di titoli di studio con valore legale, considerati ancora (ma sempre meno) convenienti per trovare un lavoro e assicurarsi un reddito. Purtroppo ci caschiamo anche noi genitori. Quante volte abbiamo usato questo argomento per spingere un figlio a preparare un esame universitario: prima finisci e prima guadagnerai, se non ti laurei la tua vita sarà meno agiata. E quante volte, invece, di fronte al crescente scollamento tra istruzione e lavoro, davanti a un esercito di disoccupati con la laurea, ci è venuto il dubbio che forse, davvero, studiare non serve a niente se poi non garantisce di trovare «il posto», come se fosse una pratica occupazionale e non uno strumento di conoscenza e di elevazione morale. Così perde fiducia nell'istruzione un paese che ha già una percentuale drammaticamente bassa di laureati. Un'Italia che in tutti i suoi comportamenti, da quelli civili a quelli politici, sconta chiaramente un serio deficit culturale e un grave problema di ignoranza[4].

[4] Secondo Eurostat, appena il 26% degli italiani fra i trenta e i trentaquattro anni ha raggiunto la laurea. Solo la Romania fa peggio di noi in tutta l'Unione europea, mentre siamo battuti da paesi come la Lituania, dove la percentuale è del 58,7%, o Cipro, 53,4%. Nella lista nera degli abbandoni scolastici siamo invece quinti in Europa. Il 14% dei giovani italiani tra i diciotto e i ventiquattro anni non hanno un diploma secondario, mentre l'obiettivo europeo è del 10%.

Invece di far fare i compiti ai nostri figli, dunque, dovremmo piuttosto fare noi qualcosa. Nel tempo i genitori italiani sono cambiati, dedicando una cura crescente all'educazione dei figli. La crisi economica, ma ancor più la scomparsa di tanti lavori che un tempo assorbivano manodopera giovanile, mestieri semplici, mansioni impiegatizie, ruoli che si potevano occupare anche senza aver studiato poi tanto, non consentono più alle famiglie troppa tolleranza in fatto di risultati scolastici. Prima si poteva dire: se non hai voglia di studiare, vai a lavorare; oggi, anche volendo, dove li mandi a lavorare (ammesso che vogliano andarci)? I genitori hanno capito benissimo che il lavoro, soprattutto quello ben pagato, sarà esclusivo appannaggio dei giovani che avranno speso tempo ed energie negli studi. E hanno ragione.

Nonostante la crisi abbia colpito duramente anche il lavoro intellettuale, e questo abbia svalutato nell'opinione comune il valore dell'istruzione superiore, in realtà più è elevato il livello di studio minore è il rischio di restare intrappolati nella disoccupazione. Generalmente i laureati sono in grado di reagire meglio ai mutamenti del mercato del lavoro, disponendo di strumenti culturali e professionali più adeguati[5]. Questa nuova consapevolezza è un fatto positivo. Ci spinge a fare i conti con una realtà completamente mutata. Si comincia a riflettere sull'esempio delle economie emergenti dell'Oriente e ormai nostre concorrenti, dalla Cina alla Corea al Vietnam, dove la famiglia ha un peso molto forte nella tradizione e nella società ed è dunque capace

[5] «I laureati godono di vantaggi occupazionali significativi rispetto ai diplomati di scuola secondaria superiore durante l'arco della vita lavorativa: nel 2016 il tasso di occupazione nella fascia di età 20-64 anni è il 78% tra i laureati contro il 65% di chi è in possesso di un diploma. Inoltre, nel 2012 un laureato guadagnava il 42% in più rispetto a un diplomato di scuola secondaria superiore. Certo, il premio della laurea rispetto al diploma, in Italia, non è elevato come in altri paesi europei (+52% per la Ue, +58% per la Germania e +48% per la Gran Bretagna), ma è comunque apprezzabile e significativo e simile a quello rilevato in Francia (+41%)»; Consorzio Universitario AlmaLaurea, *Rapporto 2017 sul profilo e sulla condizione occupazionale dei laureati*, 16 maggio 2017, www.almalaurea.it/sites/almalaurea.it/files/comunicati/2017/cs_almalaurea_rapporti_2017.pdf.

di imporre lo studio come strumento di promozione sociale, una palestra di sacrificio per i giovani, che ce la mettono tutta nella speranza di poter cambiare la propria vita e quella dei genitori. Da noi, invece, la famiglia sta perdendo autorevolezza, e si trova spesso a inseguire ragazzi che attribuiscono importanza a cose diverse dal successo scolastico.

Basta contrapporre la ricerca della felicità e dell'autorealizzazione alle regole e agli obblighi del rendimento negli studi, e il gioco è fatto. «Cari genitori, vi chiedo: che cosa rende felice vostro figlio? Siete in grado di darmi una degna risposta? Vorrei un rapporto che va oltre il discorso "oggi ho preso 9 in italiano", "brava è il tuo dovere". Vorrei che, quando torno a casa dai nonni a pranzo, non mi chiedessero come prima cosa "quanti 9 hai preso oggi?"».

Sono parole che Daniela, esponente della cosiddetta Generazione Z, i ragazzi nati nella seconda metà degli anni novanta e succeduti ai Millennial[6], ha affidato a una lettera apparsa su «Repubblica». Sfido chiunque a darle torto, sostenendo che il voto a scuola sia più importante della felicità. La società di oggi è dalla sua parte: la felicità, qualunque cosa essa sia, conta più di tutto il resto. Non ci resta che sperare che l'idea di felicità dei nostri figli contempli anche un buon rendimento scolastico.

Ma i genitori italiani, pur valutando l'importanza degli studi per i figli alla luce della loro nuova consapevolezza, non hanno affatto le idee chiare. Spesso confondono l'istruzione col diploma, l'educazione con la laurea: credono che il premio dell'apprendimento consista nel terminare un ciclo scolastico. Nel paese che non ha avuto il coraggio di abolire il valore legale del titolo

[6] Per Millennial si intendono i nati e cresciuti nel momento del passaggio tra analogico e digitale (1981-2000). Sono definiti Generazione Z «i primi adolescenti ad avere genitori con competenze digitali, a poter comunicare con lo stesso linguaggio» (Alessandro Rosina); cfr. Maria Novella De Luca, *Generazione Z*, in «la Repubblica», 16 aprile 2015. Entrambe le definizioni sono attribuite al sociologo Neil Howe (quella dei Millennial insieme a William Strauss).

di studio, il cosiddetto «pezzo di carta» è ancora più apprezzato dalle famiglie dell'effettivo arricchimento culturale e intellettuale dei figli, che è invece il contenuto stesso dell'educazione e che conta di più anche ai fini di un'occupazione stabile e di qualità.

La scuola, dal canto suo, ha capito l'andazzo e si è adeguata. Presidi, insegnanti e commissioni d'esame hanno finto di scambiare la scuola dell'obbligo con l'obbligo della promozione, almeno fino alla licenza liceale. Coorti di giovani impreparati non dico al lavoro, ma perfino all'università, sbarcano negli atenei non sapendo non dico l'inglese, ma neanche l'italiano. Li aviotrasportiamo alla fine del corso degli studi sorvolando su ogni loro lacuna. E poi magari li precipitiamo all'improvviso nella selezione più feroce, perché astrusa e casuale, dei test di ammissione alle facoltà a numero chiuso.

I professori hanno abdicato al proprio ruolo. Un po' perché se bocciano devono vedersela con famiglie urlanti e talvolta manesche. Un po' perché in questo modo compensano il crollo verticale e inarrestabile di status (e di reddito) imposto loro nei decenni da governi che hanno lesinato sull'educazione dei giovani per spendere in pensioni e scialacquare in bonus. «È la grande menzogna», ha scritto Ernesto Galli della Loggia, «su cui si regge da anni il sistema dell'istruzione italiano: le promozioni d'ufficio. Di fatto chi nel nostro Paese inizia il corso di studi è pressoché matematicamente sicuro di arrivare al traguardo»[7]. E i dati degli ultimi anni non lo smentiscono: gli ammessi agli esami di licenza liceale sono sempre più del 95% degli studenti, e di questi viene promosso più del 99%[8].

Questa rinuncia della scuola a valutare la preparazione che essa stessa dovrebbe garantire provoca effetti tragicomici. Basti pensare che nei test di ammissione a Medicina e a molte altre

[7] Ernesto Galli della Loggia, *Le scuole italiane e il tabù della bocciatura*, in «Corriere della Sera», 28 aprile 2017.

[8] Fonte Miur.

facoltà, lo Stato italiano non valuta più il voto di maturità. In pratica è come ammettere che non si fida di se stesso. E ha ragione. Nel 2017 la Puglia ha avuto 944 cento e lode alla maturità, che, rapportati alla popolazione scolastica, significa cinque volte quelli della Lombardia. Si può presumere che la Puglia abbia le migliori scuole e dunque i più alti rendimenti? No: perché alle prove Invalsi del 2016 le scuole pugliesi hanno realizzato un 54% di risposte giuste contro il 64% della Lombardia. E lo stesso avviene nel resto del paese: il Centro-Sud ha voti più alti all'esame e test scolastici peggiori. Ne consegue che l'esame nazionale di licenza liceale è oggi un *fake*.

Un caso clamoroso si è verificato all'istituto tecnico commerciale di Casarano, in provincia di Lecce, dove un professore – ingegnere elettrotecnico, con un passato in una multinazionale – aveva preso l'abitudine decisamente pericolosa di dare ai suoi alunni il voto che si meritavano, compresi 1 e 2. «Non per severità, ma per onestà. La prima volta che sono entrato in quell'istituto ho sottoposto i ragazzi di prima superiore a un test matematico che viene proposto dal Ministero per bambini di quarta e quinta elementare. Volevo valutare le loro condizioni di partenza. E per evitare polemiche ho usato quesiti riconosciuti, non inventati da me. Ma i risultati sono stati imbarazzanti, i ragazzi non erano stati in grado di rispondere a domande semplicissime: così ho messo loro voti bassi»[9].

La reazione di scuola e famiglie, unite nella lotta, è stata durissima. L'istituto non voleva farsi la fama di scuola severa, per mantenere il numero minimo di iscrizioni ed evitare di essere chiuso, e le famiglie non volevano rinunciare al sogno del diploma per qualche insufficienza in matematica. Dopo una guerriglia fatta di dispetti, boicottaggi, visite degli ispettori a ripetizione, il nostro

[9] Valentina Santarpia, *Il prof dei voti bassi? Aveva ragione*, in «Corriere della Sera», 23 aprile 2017, www.corriere.it/scuola/medie/17_aprile_22/prof-voti-bassi-aveva-ragione-a25c6bf4-275e-11e7-b1fd-6ac3feee71e3.shtml#.

prof meritocratico è stato punito severamente, con una sanzione disciplinare, e ci ha messo cinque anni per ottenere che il giudice del lavoro di Lecce la annullasse, dandogli ragione. «Se tutti gli studenti avessero i voti che meritano, non verrebbero promossi più del 20%»[10], ha detto dopo la riabilitazione. Ma come si fa a modificare queste percentuali se non si possono valutare i ragazzi? «In ogni classe ci sono cinque o sei studenti capaci, una decina di incapaci e altri dieci che possono migliorare. Quelli che mi danno più soddisfazione sono questi ultimi: partono da un voto basso, 2 o 3, poi arrivano a 8-9 con costanza e impegno, vengono stimolati dalla competizione e tirano fuori il meglio»[11]. Col sistema severo del nostro prof, insomma, si salvano una quindicina di ragazzi per classe; con quello lassista che viene di solito considerato più giusto, se ne condannano una ventina. Quel che è peggio, i condannati in genere sono coloro che vengono da famiglie più svantaggiate economicamente e culturalmente, giovani nelle cui case non è mai entrato un libro: a loro regaliamo la terribile illusione di potersi liberare dalla condizione sociale dei padri, di poter prendere l'ascensore verso una vita migliore grazie a un diploma che invece non vale nulla e non dà più diritto a niente. Mentre le famiglie che se lo possono permettere, e che hanno capito come vanno le cose, da tempo hanno cominciato la loro secessione dal sistema di istruzione pubblico, mandando i figli dalle elementari all'università nelle scuole private o all'estero. Forse la più grande iniquità sociale di questo paese. Perché l'ingiustizia non sta nel fatto che ci sono i ricchi, ma nel nascere predestinati.

Se queste sono le condizioni della nostra scuola, viene da dire che, più che rimproverare i nostri figli perché hanno preso un'insufficienza, dovremmo rimproverare la scuola. O, meglio,

[10] Santarpia, *Il prof dei voti bassi?*, cit.
[11] *Ibid.*

dovremmo aiutarla a cambiare. Servirebbe un «patto per la qualità» tra famiglie e scuola, di cui potrebbe farsi garante lo Stato e che potrebbe diventare il cuore della tanto sbandierata «autonomia scolastica», una forma di cogestione in cui i genitori siano chiamati a occuparsi dell'educazione dei figli a fianco dei docenti. Forse dovremmo andare ai colloqui per verificare l'andamento della scuola piuttosto che quello di nostro figlio, perché lui andrà più o meno come va la scuola e il diploma che otterrà varrà esattamente quanto vale la scuola che frequenta. Forse dovremmo andare una volta al mese in classe con i ragazzi a sentire come fa lezione il docente, e valutare noi lui.

Riprendere il controllo sull'esperienza scolastica dei nostri figli è un'esigenza spesso drammaticamente avvertita dalle famiglie. Al punto che c'è perfino chi ricorre alla scelta estrema dell'*homeschooling*, dell'educazione domestica, in cui sono spesso i genitori a fare da insegnanti. Una via seguita da pochi pionieri in Italia – un migliaio di bambini censiti –, ma molto più popolare negli Stati Uniti, dove coinvolge due milioni e mezzo di scolari e studenti, accettati anche nelle università migliori, e che ha i suoi testi sacri di riferimento nei saggi sull'apprendimento libero di John Holt[12].

Affinché possiamo riconquistare un ruolo nella guida del processo educativo, per evitare di finire intrappolati in una guerra civile strisciante in casa, sanguinosa ma pur sempre di retroguardia, dovremmo prima di tutto poterci fidare degli insegnanti, poter credere nel loro giudizio, poter dare un valore reale al voto che i nostri ragazzi prendono a scuola. E non accondiscendere a quei tentativi corporativi e subdoli di far fallire ogni sistema di valutazione degli insegnanti e ogni ipotesi di legare il loro stipendio al merito e ai risultati, perché neanche i professori, come i nostri figli del resto, sono tutti uguali.

[12] Da *How Children Learn*, del 1967, a *The Underachieving School*, del 1969.

Un «patto per la qualità» dello studio potrebbe allora portare con sé anche un «patto per la severità». Se sapessimo, credessimo che gli insegnanti valutano con serietà l'effettivo rendimento dei ragazzi, allora anche il rimprovero in famiglia non apparirebbe più così fastidioso e odioso ai nostri figli. Avrebbe un senso perché non più isolato, ma inserito in un contesto di solidarietà tra le varie agenzie formative. I nostri figli non se la prenderebbero più solo con noi, perché capirebbero che siamo in accordo con il resto del mondo, che in famiglia e a scuola valgono gli stessi criteri. E anche tra i ragazzi la competizione potrebbe diventare più sana: non a chi frega meglio il papà o il prof, ma a chi fa meglio.

In questo patto andrebbero coinvolti tanti altri mediatori culturali, quei formatori di senso comune giovanile spesso più popolari di genitori e insegnanti. L'apprendimento, la conoscenza, la cultura, dovrebbero tornare a essere *cool*, cose fighe, desiderabili, oggetto di ammirazione nel gruppo dei coetanei. Un tempo in tv c'erano sfide tra studenti sulla storia o l'italiano, i giornali si occupavano delle olimpiadi di matematica o dei concorsi di scrittura. Negli Stati Uniti le *spelling bees*, le gare di ortografia, sono veri e propri campionati nazionali, che dalle scuole di provincia arrivano fino alla capitale, spesso fonte di ispirazione per cinema e letteratura. Possibile che oggi le uniche qualità dei nostri giovani che interessano ai talent show siano saper cantare, ballare, corteggiare o, peggio ancora, fare spettacolo della propria intimità? Possibile che chi eccelle negli studi finisca in tv solo per far ridere in *La pupa e il secchione*?

La lingua virale

«Se non è amore, *push the* interruttore». «E se non vi conquista, *hasta la vista*». Sono gli slogan di un programma di dating, *Take Me Out – Esci con me*, uno di quegli show televisivi, come ce ne sono a bizzeffe, basati sul corteggiamento tra un giovane esemplare di maschio e una ragazza di solito avvenente. L'ho scoperto monitorando le abitudini televisive di uno dei miei figli piccoli. Troppo piccoli per questo genere di programmi. Non che vi succeda niente di particolarmente scandaloso: in fin dei conti si tratta di due ragazzi che si parlano. E infatti non riuscivo a spiegarmi perché fossi così inorridito guardandolo, né riuscivo a spiegare a mia figlia perché volevo convincerla a cambiare canale. Sentivo che c'era qualcosa di pericoloso in quei dialoghi, ma non sapevo cosa. Poi ho capito: era proprio per come parlavano.

Il mio non è snobismo, sia chiaro. Sono aperto a tutte le forme che può assumere la cultura popolare. Mi piace che i miei figli canticchino canzonette anche stupide, perché sono la colonna sonora del loro tempo e non si può pretendere che ogni generazione abbia la fortuna di avere un Mogol. Tollero perfino la parolaccia, quando è necessaria e utile per spiegarsi. So che la lingua è un organismo vivente che si modifica continuamente per rispondere alla sua funzione essenziale: far comunicare tra loro le persone. Non pretendo dunque che tronisti e cubiste si attengano alle regole dell'Accademia della Crusca.

Nei dialoghi di quel programma avvertivo però che il modo di parlare dei ragazzi, inseguendo il mito contemporaneo della spontaneità, della genuinità, era la spia di un modo di pensare al rapporto tra i sessi così semplificato da diventare povero, e in definitiva volgare. Dunque a offendere il mio senso del pudore non era tanto come parlavano, ma come pensavano.

Più la lingua si semplifica, si scarnisce, più il lessico si imbastardisce e si riduce – non a caso qualcuno ha parlato di «generazione 20 parole»[1] –, meno è capace di esprimere proprio i sentimenti e le emozioni, cioè la sfera della natura umana più ricca di sfumature, più misteriosa e complessa. Barbaro, in definitiva, è colui il cui linguaggio risulta incomprensibile, perché non ha le parole per spiegarsi.

«Serve una lingua per dire quello che siamo e che ci circonda, serve un lessico sviluppato per imparare a sentire le sottili distinzioni tra parole come amare, stimare, apprezzare, ammirare, prediligere, adorare, voler bene, adulare»[2]; differenze che palesemente sfuggivano a quei ragazzi che in tv tentavano di esprimere i propri sentimenti, e che tanto affascinavano mia figlia con i loro discorsi «da grandi»; perché la lingua non è solo uno strumento per trasmettere il proprio pensiero, ma è anche il codice necessario a formare quel pensiero, a pensarlo.

Lo stesso vale per le emozioni: le proviamo perché siamo in grado di dare loro un nome, altrimenti rimangono un confuso

[1] Così titolava, il 12 gennaio 2010, «Repubblica» in riferimento al vocabolario limitato usato dagli adolescenti che comunicano attraverso sms e twitter. Lo spunto di riflessione era un articolo del «Sunday Times», che dà conto di una ricerca condotta da un linguista dell'università di Lancaster, Tony McEmery, che analizzando il linguaggio dei ragazzi sul web, è giunto alla conclusione che i teenager quando parlano con i coetanei tramite internet o il cellulare usano solo ottocento vocaboli dei quarantamila che conoscono.

[2] Bellamy, *I diseredati*, cit., p. 130.

rombare nella nostra testa, o nel nostro ventre, che può farci impazzire. Questo vuol dire che perfino il più intimo dei pensieri, che si presume essere la cosa più personale e individuale al mondo, ha in realtà bisogno di parole che appartengano anche agli altri, e senza di quelle non esisterebbe perché non sarebbe comunicabile nemmeno a se stessi.

Sappiamo che i nostri ragazzi non parlano più come noi. Ma qui non si tratta semplicemente della fisiologica fioritura di neologismi e modi di dire che da sempre i giovani adottano come una forma di subcultura generazionale, un po' per distinguersi dagli adulti, per crearsi un mondo a sé, un po' per capirsi meglio tra di loro. È qualcosa di ben più profondo: è il rifiuto del linguaggio in sé, considerato e vissuto come una prigione, che viene sostituito con forme di comunicazione più stringate, più brutali, più povere.

Per chi crede al mito moderno della ricerca della genuinità, intesa come rigetto della mediazione culturale, la lingua è davvero una gabbia. I nostri giovani hanno del resto fatto propria un'idea che proviene, anche se magari non lo sanno, dalla cultura delle generazioni precedenti. Roland Barthes diceva che «il linguaggio è una legislazione», «comporta fatalmente una relazione alienante», è «semplicemente fascista» e «non ci può essere libertà che fuori dal linguaggio»[3]. Si vede che alla fine i giovani ci hanno creduto, e hanno deciso di evadere da quella prigione e dalle sue regole. Di respingere il linguaggio dei padri e di adottare nuove forme di comunicazione.

Questo fenomeno è particolarmente evidente quando devono corteggiarsi, cercarsi sessualmente, sedursi. E allora proprio quei dialoghi da dating show che tanto mi inquietano diventano un punto di osservazione privilegiato: ne ho registrato qualcuno che riporto con un commento.

[3] Cfr. Roland Barthes, *Lezione. Il punto sulla semiotica letteraria*, Torino, Einaudi, 1981.

LEI Voglio un ragazzo che mi prende, mi avvolge.
LUI Sei tanta roba. *(intendendo che ha seni prosperosi)*
LEI Io ballo da paura, e tu che fai nella vita?
LUI Faccio l'influencer.

L'influencer è uno che ha un seguito sul web o pensa di averlo. La commistione con l'inglese dei social è frequentissima. Un esempio è il verbo «craccare», nel senso di capire come funziona qualcosa, che in origine si riferiva alla capacità di «forzare» un dispositivo digitale violandone la sicurezza; ma ora si può craccare anche la personalità di una ragazza («io ti cracco subito»). Ci sono poi quelli che dicono *hashtag* prima di una parola o di un'espressione, proprio come lo scriverebbero sui social, dal cui linguaggio vengono italianizzate molte espressioni: così da *like* viene «laikare», «mipiaciare», da *love* «lovvare» («ti lovvo»), dal cuoricino onnipresente nei messaggini «cuorare» («ti cuoro»). Quando su Twitter c'era ancora la stellina si diceva «stellinare», e molti ancora lo usano. *Friendzone: amici o fidanzati?* è un format televisivo anglosassone in onda su Mtv Italia da qualche stagione. La *Friendzone* è quella situazione in cui ami qualcuno ma quella persona ti vede solo come amico/a (nei ricordi della nostra gioventù, la peggiore delle condizioni affettive). Il termine è stato italianizzato in «friendzonare» e poi romanizzato in espressioni come «che me stai a frenzonà?», traducibile con: «Non è che ti nascondi dietro un "non vorrei rovinare la nostra amicizia" per non metterti con me?».

LUI Nell'amore sono sempre più preda.
LEI Bella l'attrezzeria. *(che si alterna a: «Sei strutturato», «Se è tutto muscolo ben venga». Le ragazze sono molto dirette)*
LUI Io sono uno che devi essere dinamica, rotante.

Che cosa voglia dire «rotante» non si sa, ma la ragazza deve aver capito benissimo perché non glielo chiede. È chiaro invece cosa siano le ragazze «accese»: quelle che nel gioco hanno acceso lo schermo per esprimere attrazione per un single. Quell'accensione diventa metafora di un tratto caratteriale, di una disponibilità, durante la conversazione.

LUI Io voglio una ragazza che nei momenti pesanti te fa volà su 'sto casino che è il mondo.

L'ansia dell'evasione dalla realtà torna costantemente. Allo stesso modo ricorre spesso il prefisso super, tutto deve essere super.

LUI Sentivo 'na stronzata che me chiamava.

Vuol dire che ero cosciente che stavo per fare un grave errore, ma non sono riuscito a evitarlo; immediatezza delle emozioni *vs* razionalità del pensiero. Nel gergo dei ragazzi francesi termini come amare, stimare, apprezzare, ammirare sono stati tutti indistintamente sostituiti dal verbo *kiffer*, che deriva dall'arabo *kif*, una droga leggera a base di hashish. Fumare e provare emozioni che danno intenso piacere si dice oggi nello stesso modo.

La centralità dell'emozione nella vita dei nostri figli è testimoniata anche da alcuni cambiamenti radicali che si stanno verificando nella lingua scritta, almeno nella forma in cui oggi è usata, quella cioè dei social e delle app di messaggistica. La punteggiatura vi ha assunto infatti un'importanza estrema, che in origine non aveva, perché si limitava a dare indicazioni per l'oratoria, segnalando pause più o meno brevi, un interrogativo, un'esclamazione.

Ma non ci sono pause o inflessioni nella comunicazione digitale. Quindi, più breve è il testo, più la punteggiatura diventa fondamentale per riempire i buchi dell'intonazione, per dare ritmo verbale alla conversazione; così diventa iperbolica, svolge cioè funzioni espressive[4]. Ecco perché il punto (avviso tutti i genitori che stiano comunicando via WhatsApp con i figli) è considerato un modo scortese, quasi aggressivo di mettere fine a una discussione. Se in un messaggio si conclude la frase con un punto («Non ho voglia di venire da te.»), vuol dire che non si accetta replica, che il discorso finisce lì. Se invece si omette il punto, significa che ci si aspetta una risposta e, se si dichiara apertamente un'esitazione con i puntini («Non ho voglia di venire da te…»), è un chiaro segnale che il no è trattabile.

D'altra parte ho notato che la mia figlia maggiore, che ha superato i vent'anni, non spezza mai la frase con un punto all'interno di un messaggio, ma indica la pausa chiudendolo del tutto e inviandone un altro per continuare la conversazione.

Sto studiando
Ti chiamo dopo
Più tardi vado a una festa
Bacio

Così i suoi testi sono brevissimi e peristaltici, i miei sono lunghi e pieni di punti e virgole:

Mi raccomando, non fare tardi. Domani potremmo pranzare insieme; che ne dici? Sono solo a Roma. Un bacio.

Lei mi sta parlando, io le sto scrivendo, ecco la differenza. Lei mima nello scrivere il ritmo di una conversazione. Io mi esercito in un soliloquio, come se scrivessi una lettera, o anche una mail, ché ormai le mail sono antiche come le lettere.

Anche punto esclamativo e interrogativo hanno assunto il carattere di un'espressione tonale. Possono essere ripetuti o al-

[4] Ben Crair, in «New Republic», 25 novembre 2013.

ternati, per riprodurre l'andirivieni delle emozioni, l'incertezza di un dialogo.

> Ce l'hai con me??!!??
> ???? Ma noooooo!!!!!!

Dar conto delle proprie emozioni in una conversazione digitale – ammettiamolo – è difficile. Ma i giovani basano tutta la loro comunicazione proprio sulle emozioni. Per questo stanno imparando a usare l'intera gamma della punteggiatura e dei simboli che si trova sulla tastiera per tramutarli in espressione. Si potrebbe parlare di una «punteggiatura intima, emotiva, "dopata"...»[5]. La lettera ripetuta che allunga ed enfatizza una parola, «tiamooooo»; il trattino o il doppio trattino che segnala una pausa come un «ehm», o un'esitazione, «vorrei tanto – ci penso»; le parole tutto in maiuscolo, come in «DAI ti aspetto»; le abbreviazioni e gli acronimi come *tvb*, *lol*; perfino gli spazi tra una parola e l'altra indicano qualcosa.

Nelle forme estremamente sbrigative, come le app per rimorchiare (Tinder su tutte), in cui si può trovare ogni sera il sesso di una notte semplicemente indicando che cosa si cerca, misure e posizioni come in uno shopping online (i ragazzi chiamano le ragazze *Tinderellas*), può capitare di non usare neanche più le parole per dialogare ed esprimere stati d'animo, ma esclusivamente i cosiddetti *emoji*, i cui predecessori sono stati le *emoticon* (non a caso la stessa radice verbale di emozione).

Gli emoji possono anzi ormai essere considerati una lingua a sé, perché non sono necessariamente e sempre traducibili in parole. Non a caso nel 2015 la faccina che ride con le lacrime agli occhi fu scelta come parola dell'anno da Oxford Dictionaries,

[5] Costanza Rizzacasa d'Orsogna, *Punto o tre puntini, come scrivere «social»*, in «Corriere della Sera», 7 marzo 2015.

con la motivazione che meglio ne rifletteva «l'ethos, l'umore e le preoccupazioni», scavalcando addirittura parole come «rifugiato» e «Brexit». Nello stesso anno il discorso sullo Stato dell'Unione di Barack Obama diventava il primo testo a essere twittato live in lingua emoji sul «Guardian» edizione americana.

Ciò che caratterizza tutte queste nuove forme di linguaggio basate sull'emozione è il galateo che le regola. A differenza che nel dibattito pubblico, quando si parla cioè a una platea vasta come sui social, nella messaggistica one-to-one si evita di solito qualsiasi affermazione che possa risultare troppo apodittica: tra amici si è sempre d'accordo, dunque bisogna essere allo stesso tempo informali e prudenti. Questo produce una mutazione continua dei tic di scrittura, per non derogare dallo stile di comunicazione amichevole del momento. «C'era un tempo in cui "O.K." era una semplice abbreviazione [non si è mai capito bene di che, le teorie sono numerose in materia, *n.d.a.*]. Ma poi "O.K." divenne "OK" quando si rinunciò ai punti, e "ok" quando si rinunciò alle maiuscole, facendo apparire l'originale "O.K." pericolosamente formale; adesso anche "ok" sembra un po' troppo ruvido, così si usano nuovi modi per ammorbidirlo tipo "ok!", "okieeee" o addirittura "kk"»[6].

Il timore di essere aggressivi (o aggrediti) è una costante, e rappresenta un fenomeno di grande interesse, che può dire molto sulle nuove generazioni. Riguarda sempre più anche la cultura. Nei campus universitari americani si sta diffondendo un vero e proprio movimento che si propone di ripulire – o censurare? – la lingua, evitando accuratamente parole che possano creare sofferenza in soggetti deboli e fragili. Così, un professore di Legge ad Harvard si è sentito chiedere da un gruppo di studentesse di non insegnare il diritto in materia di violenza sessuale per non

[6] Jessica Bennett, *When Your Punctuation Says It All!*, in «New York Times», 1° marzo 2015.

offendere la sensibilità di chi ne fosse stata vittima e addirittura di non usare mai la parola «violare», nemmeno nell'espressione «violare la legge». Non è un caso isolato. Sempre più spesso gli studenti richiedono che ci siano *trigger warnings*[7], ossia avvertenze su tutto ciò che all'interno di un testo o in un corso potrebbe provocare ansia o sofferenza in persone particolarmente sensibili al tema. È avvenuto a Rutgers a proposito di *Mrs. Dalloway* di Virginia Woolf, additato come libro in cui «le tendenze suicide» della protagonista potrebbero «far scattare memorie dolorose in ragazzi che soffrono di autolesionismo». E perfino, alla Columbia University, con le *Metamorfosi* di Ovidio, finite nell'occhio del ciclone per via delle descrizioni troppo vivide di scene di stupro[8].

A differenza del politicamente corretto, che dai campus americani si irradiò in tutto il mondo negli anni ottanta e novanta, e che sfidava un canone storico e culturale considerato razzista o discriminatorio nei confronti di particolari gruppi sociali svantaggiati, ciò che si cerca di proteggere qui è invece la sensibilità dei singoli. E ciò testimonia una straordinaria fragilità emotiva. Si tratta insomma di un'altra delle numerose forme di iperprotezione destinate a una generazione cui fin dalla nascita è stato insegnato a considerare la vita come un affare pericoloso, e a pretendere dunque che gli adulti facciano tutto il possibile per evitare loro dolore o sofferenza.

Secondo molti pedagogisti, una tale formazione dei giovani d'oggi produrrà inevitabilmente effetti negativi sulla capacità di pensiero critico degli adulti di domani, e sulla loro disponibilità

[7] Nel disturbo post-traumatico da stress, stimoli di varia natura e intensità che fanno riferimento a un qualsiasi aspetto del trauma subito, anche semplici particolari apparentemente privi di significato, funzionano da *trigger point* e possono scatenare disagio psicofisico.

[8] Sul «Columbia Daily Spectator», il comitato che si occupa di vigilare sul multiculturalismo dell'università ha definito l'opera del poeta latino «un testo che, al pari di molti libri del "canone" occidentale, contiene materiale offensivo e violento che marginalizza le identità degli studenti nella classe»; cfr. Serena Danna, *Se l'America ha paura dei classici*, in «Corriere della Sera», 23 maggio 2015.

a mettersi in relazione con idee e stili di vita diversi. Nell'epoca di Facebook (nato nel 2004, è appena arrivata alla laurea la prima generazione che è stata sui social fin dall'adolescenza) il «pensiero critico» è in difficoltà, perché basato sull'analisi dei fatti piuttosto che sulle emozioni o sui desideri, e richiede dunque di imparare a confrontarsi con chi ha opinioni diverse dalle nostre. Si diffonde invece un «pensiero emotivo», caratterizzato dall'impossibilità di distinguerlo dalle emozioni; esso presume cioè che «le emozioni riflettano ciò che è la realtà: se lo provo, deve essere vero»[9]. Questo concetto corrisponde perfettamente allo spirito del tempo, e conduce i giovani a «lasciare che i sentimenti guidino l'interpretazione della realtà»[10].

Chiunque abbia visto *Inside Out*, lo straordinario film di animazione della Pixar del 2015, non farà fatica a comprendere di cosa stiamo parlando: l'egemonia che gli istinti, i sentimenti e le emozioni hanno ormai sulla ragione, perfino negli studi sulla psicologia infantile, al punto da poter essere idealizzati nella cultura popolare e nel cinema. Quel film è infatti una rappresentazione fantastica, ma basata sugli studi più recenti condotti sul funzionamento del cervello umano, di ciò che passa nella mente di Riley, una preadolescente di undici anni: il tumulto e il conflitto tra i sentimenti, l'incontrarsi e scontrarsi delle emozioni, che qui vengono incarnate in veri e propri personaggi, Rabbia, Paura, Disgusto, Tristezza e Gioia. Ciò che invece manca del tutto nella testa della protagonista è la ragione, con la minuscola o con la maiuscola. La guerra degli istinti è la sola cosa che accada nella mente di Riley. I suoi comportamenti sono determinati in una cabina di regia nella quale non siede nessun soggetto razionale.

[9] David D. Burns, *Feeling Good: The New Mood Therapy*, New York, HarperCollins, 1999.

[10] Robert L. Leahy, Stephen J.F. Holland, Lata K. McGinn, *Treatment Plans and Interventions for Depression and Anxiety Disorders. Second Edition*, New York, Guilford Press, 2011.

Dunque non ci chiediamo nemmeno se sono ragionevoli o irragionevoli: sono semplicemente l'esito di una partita senza arbitro nella quale la sola Gioia esercita una qualche forma di leadership sugli altri giocatori emozionali, ma non appena si distrae l'intero autocontrollo di Riley va in pezzi. Quel generatore di equilibrio – la razionalità – in cui ogni genitore spera e che fa di tutto per radicare nei propri figli, allo scopo di moderare lo strapotere e la violenza che possono assumere i sentimenti nei ragazzi, qui non c'è più.

Abbiamo detto che il film conosce e utilizza le ultime scoperte della neurobiologia. Ma quando esse vengono trasformate in senso comune finiscono per generare una sorta di impotenza fatalista, perché sembrano rendere inutile ogni sforzo teso all'educazione e al trasferimento di valori da una generazione all'altra: se tutto è davvero emozione, infatti, a che serve appellarsi alla ragione?

Per fortuna nel film gli istinti di Riley si moderano a vicenda. Si potrebbe dire che alla fine la ragionevolezza scaturisce dal compromesso raggiunto dalle due emozioni principali, Gioia e Tristezza, le quali capiscono di aver bisogno l'una dell'altra. Ma è un processo spontaneo, e casuale. Verrebbe da aggiungere: irrazionale.

Oltre alla ragione c'è infatti un altro grande assente nella testa di Riley: il libero arbitrio. Non si assiste mai a un momento in cui l'eroina del film sia chiamata a prendere una decisione, a scegliere consapevolmente tra due diverse opzioni. Risulta sempre eterodiretta dagli istinti che la dominano; vive in un universo morale in cui non c'è spazio per la responsabilità individuale, e di fatto non c'è libertà, dunque non ci può essere neanche colpa o peccato, perché c'è solo biologia.

È un segno dei tempi, da non sottovalutare. Il dominio dell'istinto simboleggia un progressivo rifiuto della mediazione culturale, considerata una forma di imbrigliamento della personalità, che per esprimersi compiutamente si pretende invece sia immediata, dunque naturale. E invece, «al contrario di quanto pare intuitivo, essere se stessi non è affatto immediato. Coincidere con la propria personalità, essere semplici, spontanei, naturali, è estremamente difficile e richiede una mediazione. Questo mistero è illustrato in modo brillante dal famoso motto di Pindaro: "Diventa ciò che sei"»[11]. Quella frase, apparentemente tautologica – che senso avrebbe infatti diventare ciò che già si è? –, ci dice che nessuno è se stesso senza un lavoro di ricerca, di mediazione per l'appunto, che gli consenta di uscire dai confini del proprio io. E come si può andare in giro per il mondo che sta fuori di noi se non con gli strumenti della cultura e del linguaggio? «La strada tra me e me stesso passa inevitabilmente dalla mediazione di un altro, dalla mediazione di quell'eredità che ci viene trasmessa»[12]. L'immediatezza, l'idea che esista un sé naturale e che non si debba far altro che lasciarlo venire fuori, è un falso mito: il nostro essere è sempre l'esito di una mediazione, con risultati migliori quando ne siamo consapevoli, e peggiori quando avviene a nostra insaputa, in maniera incontrollata.

È il rischio che corrono i nostri giovani, man mano che noi adulti realizziamo il programma della modernità trionfante: liberarli dalla tradizione, e dunque dalla cultura e dalla schiavitù della lingua. Perciò penso che per reagire a questa deriva dobbiamo partire dalla riconquista di una forma di comunicazione comune, a cominciare dalla cura della lingua dei padri, che nel nostro caso è l'italiano. Dovremmo alzare di molto la nostra soglia di tolleranza di genitori e di educatori, innanzitutto pretendendolo dalla scuola dalla quale ormai si esce «barbari» dal punto di vista linguistico, come ben sanno i professori dell'università che testano al primo anno i ragazzi appena arrivati dal liceo; quasi che la lingua non servisse più, e la modernità digitale l'avesse

[11] Bellamy, *I diseredati*, cit., p. 122.
[12] *Ibid.*

resa un orpello inutile, un esercizio scolastico senza nessi con la vita vera. E dovremmo pretenderlo dai mezzi di comunicazione, televisione *in primis*, dove la lingua è ormai calpestata e vilipesa con l'approvazione divertita di tutti. Io, per cominciare, ho preso a spegnere la tv quando ci sono i dating show.

Liberi di consumare

Per diventare più liberi di comprare, i nostri figli devono diventare meno liberi. È la legge del commercio, e per la prima volta nella storia si applica perfino ai bambini. Mai in precedenza i minorenni erano stati consumatori tanto numerosi e attivi, e dunque così corteggiati. La loro centralità sul mercato, iniziata dopo la fine della seconda guerra mondiale con la generazione dei Baby boomer, valica oggi nuove frontiere.

Tra il 1946 e il 1964 nacquero talmente tanti bambini in Occidente che le strategie di marketing scoprirono un nuovo mondo. Si svilupparono così i primi brand di massa che diventeranno celebri presso i ragazzi di tutto il mondo, da McDonald's a Disney, da Coca-Cola a Mars e a Kellogg's. «Gli anni Cinquanta hanno portato un aumento smisurato di nuovi nati, gli anni Sessanta hanno dato loro più potere di spesa, gli anni Settanta hanno visto la creazione di nuovi prodotti e servizi destinati all'infanzia e gli anni Ottanta hanno dato piena legittimità alla figura del consumatore bambino»[1].

[1] Elisa Ticinelli, *Il marketing guarda all'infanzia, tra seduzione e fidelizzazione. Identikit*

Da allora è stato un crescendo. Si è formata una vera e propria industria: la «commercializzazione dell'infanzia»[2]. Il culmine è stato raggiunto con la Generazione Z, «i veri nativi digitali, venuti al mondo tra il 1996 e il 2010. Il nuovo Sacro Graal del marketing. E c'è già chi guarda oltre. Ai nascituri. Hanno già un nome: Generazione Alpha. Non è troppo presto, se si considera che ogni settimana ne vengono al mondo più di 2,5 milioni e nel 2025, quando ci saranno tutti, sfioreranno i due miliardi»[3]. Per capire l'importanza del fenomeno, è utile precisare come tutte queste definizioni che si rincorrono sui media e danno origini a dotte discussioni etiche e a sofisticate analisi sociologiche siano sempre più il frutto non di classificazioni di storici e di demografi ma, appunto, di esperti di marketing, che le sezionano e le suddividono continuamente, ne restringono o ne ampliano la «forchetta», a seconda delle esigenze del loro mestiere: conoscere nel profondo e identificare con la maggiore precisione possibile i potenziali consumatori, per vendere loro sempre di più.

Sono fondamentalmente tre le ragioni per cui i ragazzi interessano tanto i marketer[4]. Innanzitutto perché dispongono di un potere d'acquisto diretto (mercato primario); allo stesso tempo sono anche i consumatori di domani (mercato futuro); ma già oggi fanno da mediatori dei consumi familiari (mercato di influenza). Al mercato primario partecipano comprando con i loro soldi: la paghetta, le somme ricevute in regalo dai familiari, il resto di

del consumatore-bambino, tesi di laurea magistrale in Lingue moderne per la comunicazione e la cooperazione internazionale, Università degli Studi di Padova, relatore Smeralda Tornese, a.a. 2015/2016, da cui ho tratto molti spunti e giudizi per questo capitolo.

[2] Juliet B. Schor, *Nati per comprare. Salviamo i nostri figli, ostaggi della pubblicità*, Milano, Apogeo, 2005.

[3] Costanza Rizzacasa d'Orsogna, *Chi sta arrivando? La generazione Z. Tengono alla privacy, guardano molte cose, ma velocemente*, in «Corriere della Sera. La 27esima ora», 13 giugno 2017, http://27esimaora.corriere.it/articolo/chi-sta-arrivando-la-generazione-z-tengono-alla-privacy-guardano-molte-cose-ma-velocemente/.

[4] E qui la prevalenza dei termini inglesi non è un vezzo «giovanilistico»: è infatti un mestiere inventato in America dove i Millennial, secondo il Pew Research Center, hanno peraltro superato i Baby boomer come più vasta generazione vivente.

una commissione, i premi che incassano in casa sotto forma di incentivo a comportamenti virtuosi. (È un sistema, quest'ultimo, che seguo anch'io nella mia famiglia: si assegna un punteggio positivo a ogni comportamento virtuoso e negativo per ogni comportamento sbagliato, con un conguaglio a fine mese, in cui i punti si trasformano in soldi, secondo un «cambio» prestabilito. Un metodo efficace, che finisce però col mettere nelle tasche di bimbi che vanno ancora alle elementari piccoli tesoretti di due-trecento euro vanificando così spesso il tentativo dei genitori di negare un acquisto considerato inutile o troppo costoso, perché il piccolo consumatore, precocemente educato all'autonomia finanziaria, può sempre rispondere, come fa mio figlio, «allora lo compro con i miei soldi...»).

I numeri sono eloquenti: negli Usa la sola paghetta dei Gen Z assomma a 44 miliardi di dollari all'anno. In Italia, «il 25% dei bambini e dei ragazzi tra i sei e i diciassette anni riceve regolarmente la paghetta dai genitori. L'importo medio è di otto euro a settimana per i bambini tra i sei e i dieci anni, di undici euro per quelli tra gli undici e i tredici e fino a venti euro per i ragazzi tra i quattordici e i diciassette. Gli importi extra, e cioè mance, resti e regali, sarebbero addirittura di tre-quattro volte superiori alla paghetta»[5].

Perché possa spendere autonomamente e liberamente questi soldi già dalla più tenera età, il bambino deve però diventare a tutti gli effetti un consumatore, cioè «avere il diritto alle medesime opportunità e privilegi degli adulti»[6]. Più che dalle scelte dei genitori deve dunque dipendere, nei suoi comportamenti e nel suo immaginario, dal precoce bisogno di definire una propria identità sociale attraverso le merci. Deve insomma diventare più

[5] Rapporto Istat del 2011, citato in Jean-Paul Tréguer, Jean-Marc Segati, *I nuovi marketing. Marketing generazionale, marketing gay, marketing etnico*, Milano, Il Sole 24 Ore, 2004.

[6] Anna Gambaro, *Il bambino consumatore*, in «Studi sulla formazione», XII, 172, 2009.

libero di essere meno libero. Più libero dai riferimenti culturali, dalle morali tradizionali del passato, perfino dalla religione; perché tutte queste costrizioni ci influenzano e ci incastrano. Mentre il perfetto consumatore deve essere il più indeterminato possibile, avere la più ampia gamma di opzioni accessibili, per essere guidato solo dai propri desideri. Oggigiorno «già a partire dai sei/sette anni i bambini hanno appreso le più elementari nozioni e abilità per effettuare un transazione economica in autonomia»[7], e sanno già riconoscere marchi e loghi, dal doppio arco di McDonald's allo *swoosh* di Nike.

Su queste basi si può cominciare a costruire per il futuro. E infatti le strategie di marketing non si limitano a puntare sui soldi di cui i ragazzi dispongono direttamente, ma, come abbiamo visto, tendono a fidelizzare da subito i baby consumatori assuefacendoli così all'acquisto degli stessi beni anche una volta che saranno diventati adulti e a loro volta genitori. Si tratta di creare la cosiddetta *brand loyalty*, fedeltà a certe linee di prodotti cui affidarsi per tutta la vita. Via via che cresciamo, il nostro meccanismo di autodifesa nei confronti della pubblicità diventa infatti sempre più sofisticato, ed è proprio questa la ragione per cui chi vende punta a sedurre i bambini non appena acquisiscono consapevolezza del rilievo sociale del consumo e prima che si facciano adulti smaliziati.

Riuscire a trasformare i bambini in consumatori fedeli è un successo commerciale di importanza cruciale, perché comporta per l'azienda benefici di lungo periodo, che virtualmente si estendono a tutta l'esistenza del cliente[8]. Così alcuni prodotti diventano vere e proprie abitudini di una vita, come il dentifricio, il sapone e perfino le sigarette. «I big brand vogliono entrare

[7] Simona Ironico, *Come i bambini diventano consumatori*, Roma-Bari, Laterza, 2010.

[8] I risultati di una ricerca realizzata negli Stati Uniti nel 1944 e poi ripetuta sugli stessi soggetti nel 1964 dimostrano che in media gli adulti finiscono per usare il 23% dei prodotti che usavano quando erano bambini.

nella testa dei bambini per restarci; la loro debolezza, la vulnerabilità dei loro meccanismi di difesa sono dunque sfruttate in maniera molto poco etica dagli esperti di marketing delle grandi aziende»[9].

Ma l'aspetto di gran lunga più sottile e intrigante nelle strategie di marketing destinate ai minori è la creazione di quello che abbiamo denominato «mercato d'influenza», in cui il bambino diviene un vero e proprio «pusher» degli acquisti di tutta la famiglia[10]. L'influenza si esercita direttamente, spingendo i genitori a comprare un determinato prodotto o servizio, oppure indirettamente, quando sono sì i genitori a fare le scelte di acquisto, attribuendo però un peso rilevante alle preferenze dei figli. «Le imprese si sono rese conto di questo grande potenziale chiamato dagli esperti *nag factor* o *pester power*. Si tratta del potere dei bambini di assillare gli adulti per ottenere uno specifico bene di consumo. I metodi per convincere papà e mamma sono vari e diversi, e si affinano a mano a mano che il minore cresce di età»[11].

Ed eccoci al punto: per poter influenzare i genitori bisogna non solo sganciare i bambini dal loro controllo, ma in qualche modo metterli sullo stesso piano e perfino in concorrenza con papà e mamma. Ancora una volta, l'intera strategia si basa sulla costruzione di una sorta di parità innaturale tra adulti e bambini nelle scelte di consumo.

Non credo di essere il solo a restare spiazzato nel constatare il grado di conoscenza che bambini anche molto piccoli dimostrano a proposito di prodotti e di prezzi, mentre discutono con i genitori per convincerli a comprare. Evidentemente hanno accesso a fonti informative che noi non abbiamo. Esattamente a

[9] Cfr. Luka Radunovic, *Kids And Advertising: (Ab)using The Most Vulnerable Target Group*, Domain .ME Blog, 24 luglio 2014, http://domain.me/kids-and-advertising.

[10] Daniela Brancati, *Spot a doppio taglio. I bambini e la pubblicità. Qualche consiglio per gli addetti ai lavori, genitori compresi*, Milano, FrancoAngeli, 2005.

[11] Ticinelli, *Il marketing guarda all'infanzia*, cit.

questo lavora un esercito di esperti, pubblicitari, creatori di spot e di short story, che infilano nei film o nei videogame suggerimenti di acquisto più meno occulti: il loro obiettivo è entrare in concorrenza con i genitori. Costruiscono una strategia di alienazione del minore che, per avere successo, ha bisogno di spezzare la catena tra una generazione e l'altra, e deve mettere in qualche modo nelle mani dei figli il bastone del comando sulle strategie d'acquisto della famiglia.

La prima cosa che i genitori dovrebbero dunque essere in grado di fare è conoscere questi sistemi, saperli decodificare, sia per proteggersi sia per poterne svelare il tratto occulto ai figli, rendendoli già da piccoli più consapevoli del contenuto commerciale del messaggio loro rivolto. Fondamentale è dunque una sempre maggiore trasparenza sui metodi di marketing che invece, per definizione, tendono a essere segreti. Le famiglie non possono essere lasciate sole a vedersela con corporation dotate di mezzi economici e persuasivi immensi. Lo Stato dovrebbe aiutarle. Per esempio istituendo un ufficio del difensore civico, un avvocato investito del potere di rendere pubbliche tutte le informazioni disponibili in materia, e in grado di ottenere quelle non disponibili quando lo ritenga necessario, obbligando le società che producono messaggi commerciali rivolti ai bambini a fornirle.

Rispetto ai tempi del dominio della televisione, la qualità e il grado di penetrazione dell'assalto pubblicitario ai nostri figli sono notevolmente diversi e questo si deve alla diffusione dei social. Oggi si è creata una vastissima zona grigia in cui i messaggi commerciali sono nascosti, camuffati, e passano attraverso gli influencer, personaggi popolari tra i giovani e di cui spesso noi genitori sappiamo poco o niente, i quali accettano di comparire in contenuti fatti apposta per promuovere brand e prodotti. Formalmente Google, che possiede la piattaforma YouTube, pretende che chiunque carichi video abbia l'obbligo legale di indicare se vi sono presenti promozioni a pagamento, e che tutti i video che le contengono siano escluse dall'app YouTube Kids. Ma in realtà è una battaglia difficile da combattere, che avrebbe bisogno della collaborazione e della vigilanza dei genitori. Naturalmente i marketer non vogliono che hashtag come #ad o #sp (che sta per *sponsored*) siano attribuiti a post concepiti per apparire invece autentici e naturali (per esempio: un rapper che veste una certa marca di jeans, o indossa un certo orologio, o beve una certa bevanda durante un concerto). In nome di una *commercial-free childhood*, negli Stati Uniti gruppi di pressione composti da genitori segnalano casi, chiedono e ottengono indagini e sanzioni da parte della Federal Trade Commission, l'autorità che vigila su questi temi. A incappare nei richiami dell'autorità sono state, per esempio, la Warner Bros per un videogame che conteneva messaggi commerciali indiretti, e i grandi magazzini Lord & Taylor per una campagna sui social, in cui aveva pagato degli influencer per postare foto con abiti griffati, e senza dichiarare che si trattava di pubblicità.

Anche in Italia c'è stata di recente la prima iniziativa di questo genere a opera dell'Autorità per la concorrenza, sollecitata dall'Unione dei consumatori. L'Antitrust ha inviato una lettera di richiamo ad alcuni influencer nostrani sul web (secondo i giornali si tratterebbe di Chiara Ferragni e del fidanzato Fedez, Belen Rodriguez, Anna Tatangelo, Melissa Satta), e alle società titolari dei marchi mostrati nelle foto e nei selfie postati sui social. L'Authority ha ricordato loro che la pubblicità è tale anche quando si finge di riprendere scene della propria vita quotidiana, senza precisare che si tratta appunto di un messaggio promozionale, perché non si può lasciar credere ai ragazzi di agire in modo spontaneo e disinteressato se, in realtà, si sta promuovendo un brand. È un importante passo in avanti, ma per ora siamo solo alla *moral suasion*; anche se l'Antitrust ha assicurato che al secondo richiamo interverrà con una sanzione.

D'altra parte le aziende adeguano la loro tattica al mutamento dei comportamenti giovanili. I nostri figli passano oggi molto più tempo online che davanti alla tv, e questo porta il marketing a riflettere sulla necessità di profondi mutamenti: «La tecnologia», avvertiva Bill Gates già nel 2004[12], «sta cambiando la pubblicità, i consumatori non subiscono più qualsiasi messaggio gli venga inviato. Dobbiamo trovare il modo di raggiungere gli utenti senza annoiarli». Ne hanno trovati molti di modi, sempre nuovi, anno dopo anno. Anche i genitori devono dunque adeguarsi, perché il sorpasso di internet sulla tv, per la modalità di fruizione totalmente diversa che caratterizza i new media, li rende ancor meno in grado di sorvegliare e verificare i messaggi che raggiungono i figli. In alcuni casi possono rendersi necessari anche veri e propri interventi di regolamentazione, divieti o limitazioni. Ma il mercato è così fluido che è impossibile affidarsi alle norme per fronteggiare un fenomeno in continua evoluzione.

Così, per esempio, Facebook e Twitter sembrano ormai appartenere al passato: i più giovani li stanno abbandonando a vantaggio di altri social come Instagram, Snapchat, Kik, Vine e Tumblr. Seguono le mode, l'ultimo grido, le scelte del gruppo dei coetanei. E poi Facebook è il posto dove ci sono anche i genitori. Snapchat, invece, non conserva niente, cancella video, foto e messaggi in pochi secondi, ed è un terreno sul quale perfino i pubblicitari più smaliziati fanno fatica a seguire i loro target. Senza contare l'enorme diffusione di piattaforme di scambio di messaggi come WhatsApp, che, per politica aziendale (pur essendo proprietà di Facebook), rifiuta la pubblicità.

Prendiamo il caso degli *advergames*, che, come si evince dal termine, mescolano messaggio promozionale (*advertising*) e gioco (*game*). Sono videogiochi pensati per elevare l'«indice di pressione pubblicitaria», cioè l'esposizione ripetuta dell'utente al brand. Uno studio su venticinque tra i più popolari giochi online ha rivelato che tutti gli *advergames*, tutti i giochi che si svolgono

[12] Al summit dell'Industria pubblicitaria americana.

sui social media e metà dei videogame che si trovano sulle app più popolari, contenevano pubblicità *embedded*, cioè occulta, non dichiarata. Esperimenti condotti su bambini dai sei ai dodici anni hanno verificato che questo tipo di pubblicità ha un effetto subliminale: condiziona il comportamento dei minori senza che questi ne siano consapevoli, e produce un impatto significativo sulle loro abitudini d'acquisto, soprattutto oggi che è così facile comprare online, una rivoluzione che potrebbe portare presto a un consumo giovanile anche più libero e immediato, eliminando perfino la fatica fisica di raggiungere il negozio.

Pretendere che la legislazione insegua tempestivamente sul loro terreno questi cambiamenti è pura utopia. I bambini d'altronde non ricevono uguale protezione nei vari paesi dell'Unione europea: le leggi variano da Stato a Stato e in genere si tenta di procedere con forme di autoregolamentazione. La sensibilità è diversa. Nel Nord Europa, per esempio, il fenomeno genera molta più apprensione e allarme sociale che da noi.

Ma il vero problema sono i genitori. La maggior parte non avverte la pubblicità online come una minaccia per i figli, oppure non ha una sufficiente preparazione per comprenderne appieno la portata, magari perché lo shopping in sé è considerato dagli stessi adulti come un'attività sociale non solo accettabile ma addirittura apprezzata. Negli Stati Uniti è anzi sempre più diffusa tra le mamme la moda di vestire le figlie come se stesse, trasformandole in «mini-me»: si chiama *twinning*, ed è l'ultima frontiera della commercializzazione del rapporto genitori-figli. Invece di invocare dal legislatore divieti e proibizioni che ci aiutino a non dover decidere, dovremmo essere dunque innanzitutto noi genitori a elevare argini, ad assumerci responsabilità, e soprattutto a promuovere e cercare solidarietà nelle famiglie dei coetanei dei nostri figli, dei loro compagni di scuola o amichetti. In alcuni casi dovrebbe essere perfino facile. Sappiamo tutti per esempio che il marketing sul cosiddetto cibo-spazzatura – alimenti ad alto contenuto di zuccheri e grassi saturi – è un potenziale nemico della salute dei nostri bambini e ragazzi, e di conseguenza un pericolo per il benessere delle nostre comunità, perché accresce il rischio di malattie sociali come l'obesità o il diabete. Di più: è un problema socialmente selettivo, visto che colpisce in misura maggiore i poveri e i meno istruiti. Allora perché non reagiamo? È così difficile stabilire in famiglia delle buone pratiche che, per esempio, escludano del tutto le merendine confezionate dalla dieta dei nostri bambini? È possibile raggiungere accordi o siglare protocolli a scuola, con gli altri genitori e con gli insegnanti, perché almeno nella classe dei nostri figli vengano messi al bando quei cibi che, per quanto presenti ovunque nella pubblicità, riteniamo inadatti alla loro dieta? In genere la scusa più frequente è: «Ma i miei figli non mangiano altro...». È davvero così? Perché non proviamo a proporre loro un'alternativa per un mese o due? In realtà la nostra è pigrizia, dannosa per i ragazzi e per noi.

Talvolta, però, l'intervento del genitore non è così facile, perché non trova un ambiente esterno solidale, che lo aiuti. Uno dei miei figli, quello in genere più informato sui prodotti pubblicizzati in televisione, ha scoperto a otto anni e con largo anticipo l'esistenza dell'*hoverboard*, quando io non l'avevo nemmeno mai sentito nominare. Lo voleva a tutti costi per Natale. Così ho studiato il caso. E ho verificato che questo aggeggio – una sorta di skate con motore elettrico, tra l'altro alquanto difficile da guidare – non è specificamente citato dal Codice della strada e dunque deve considerarsi assimilato ai cosiddetti «acceleratori di andatura». Di conseguenza, l'uso ne è vietato praticamente ovunque: sia sulla strada sia sul marciapiedi, in piazze e luoghi pubblici e, secondo alcuni, anche sulla banchina, cioè su quello stretto corridoio che si trova tra il margine della carreggiata e il marciapiedi (dove comunque non vorrei mai che mio figlio sfrecciasse tra auto e bus rischiando la vita). Dunque chi non possiede un cortile, un terrazzo o un parcheggio privato dove potersi sfogare ad andare avanti indietro su questa tavola a motore, non può usarla in nessun altro luogo. Se lo fa, rischia una multa dai 25 ai 100 euro che, nel caso di un minore, dovrà pagare il genitore, cui spetta anche l'onere di risarcire eventuali danni arrecati a terzi. Forte di queste informazioni, e non disponendo in casa di uno spazio adatto all'*hoverboard*, ho spiegato a mio figlio con pacatezza che non potevamo comprarlo semplicemente perché era vietato dalla legge. Un bell'insegnamento etico: le norme vanno rispettate. Lui ha sofferto, ma ha abbozzato.

Sono passati alcuni mesi ed è arrivato Natale. Con la mia famiglia mi trovavo in visita a parenti in Campania, e la mattina del 25, quando siamo usciti di casa per una passeggiata, mio figlio ha assistito allibito allo spettacolo di decine e decine di bambini che sfrecciavano sui loro *hoverboard* nuovi di zecca. Erano ovunque: sulla strada, sui marciapiedi, nella villa comunale. Tutti stavano provando il giocattolo appena ricevuto in regalo da Babbo Natale, ancora abbastanza inesperti e impacciati da provocare cadute e scontri. Mio figlio ne è rimasto sconvolto. Mi ha accusato di aver mentito pur di non fargli il regalo che tanto desiderava: «Papà, ma perché noi no, se tutti gli altri l'hanno comprato?». Non è stato facile per me spiegargli che gli altri genitori stavano ignorando la legge comportandosi in modo irresponsabile. Soprattutto perché la conclusione che mio figlio implicitamente ne ha tratto è che violare il codice rende i padri altrui più buoni e i loro figli più felici, e che forse chi come noi lo rispetta ottiene come unico risultato di restare senza *hoverboard*. Non proprio l'esordio migliore per un corso di educazione civica.

Mi domando però: se l'*hoverboard* non è consentito dal Codice stradale, perché viene acquistato per i bambini? Perché per noi genitori diventa imperativo cedere a una moda, anche quando sappiamo che il gadget in questione non è né sicuro né particolarmente educativo? Come ci viene in mente di permettere ai nostri figli di otto, nove, dieci anni, di spostarsi senza camminare, senza correre, senza saltare, senza fare tutto ciò che i bambini di tutte le epoche hanno sempre adorato fare? Possibile che dobbiamo subire qualsiasi diktat commerciale senza tentare neanche un accenno di resistenza?

Intanto si avvicina il prossimo Natale e, se non trovo qualche solida alleanza con i genitori degli amici dei miei figli, stavolta non sono sicuro di farcela a dire un altro no.

Chi ha paura dello smartphone

Una volta era l'orologio il dono della maturità. Segnava, anche simbolicamente, l'ingresso nella vita adulta: con esso davamo ai nostri figli e nipoti lo strumento per sottrarsi finalmente al dominio della famiglia e della scuola sul tempo, l'ora della sveglia, l'ora dei compiti, l'ora di cena, l'ora di rientrare, l'insieme delle regole che avevano disciplinato le loro giornate fino al momento in cui diventavano abbastanza grandi da organizzarsi per conto proprio. Poi il passaggio chiave dell'indipendenza giovanile divenne la prima automobile, la conquista del «foglio rosa» che, non a caso, si poteva ottenere solo al raggiungimento della maggiore età. In seguito la soglia della mobilità indipendente si è abbassata a quattordici anni, con il boom dei motorini, equivalente metropolitano e su distanze più brevi dell'autonomia automobilistica. Ma oggi lo strumento che fa davvero uscire i ragazzi dal controllo familiare e li mette in una relazione diretta e non più mediata dai genitori con il mondo esterno, per quanto in modo virtuale e non fisico, è senza dubbio lo smartphone. Il nuovo status symbol è dunque l'acquisto più delicato e più carico di conseguenze che un genitore possa fare per un figlio. Ma a che età regalarglielo? A quale punto della sua crescita un ragazzo può essere considerato abbastanza maturo per questo vero e proprio rito di passaggio dei nostri tempi?

Oggetto relativamente giovane – il primo iPhone fu lanciato nel giugno 2007 –, lo smartphone ha cambiato la storia in modi e proporzioni che non trovano confronto con nessun altro prodotto della tecnologia del nostro tempo. Basti pensare che in dieci anni le vendite sono aumentate del 536% e che, mentre sto copiando questi dati dallo schermo del mio smartphone, ce ne sono in giro un altro miliardo e seicento milioni di esemplari nelle tasche degli esseri umani di tutto il mondo. Per comprenderne l'impatto è utile scorrere un elenco dei prodotti di largo consumo che ha messo fuori gioco, assorbendone la funzione: il personal computer, innanzitutto, ma anche navigatori satellitari, macchine fotografiche, telecamere, registratori, radio, sveglie, giornali, perfino le torce elettriche[1]. Molti di questi oggetti sono scomparsi dal mercato oppure le loro vendite stanno crollando, e lo stesso accade per laptop, tablet, lettori Mp3, gadget che appena pochi anni fa ci sembravano il punto più avanzato della storia dell'umanità e oggi sono praticamente obsoleti. Il suo effetto sull'economia è stato così rivoluzionario che ancora si discute se debba essere considerato una delle cause della crisi, perché ha distrutto mercati, o se sia invece la via d'uscita, perché ne crea di nuovi con la sharing economy, trionfo della disintermediazione sulle piattaforme digitali: Uber e Airbnb sarebbero inimmaginabili senza lo smartphone.

È naturale che una tale bomba tecnologica ci abbia cambiato la vita, e oggi rischi di approfondire il solco tra le generazioni e l'incomunicabilità tra genitori e figli, che poi è il cruccio di questo libro. Non tanto per l'oggetto in sé, che in definitiva è solo la miniaturizzazione di tutte quelle cose (orologio, fotocamera,

[1] Cfr. Fabio Savelli, *Smartphone cannibale: ha reso obsoleti oggetti di uso comune*, in «Corriere della Sera», 29 giugno 2017.

laptop ecc.) che già esistevano e già facevano parte del bagaglio di viaggio di un adolescente. Ma per il fatto che consente di svolgere tutte quelle attività nello stesso momento e in movimento. Credo che sia questa la caratteristica dello smartphone che tanto allontana i figli e spaventa i genitori: la sua estrema mobilità, la possibilità cioè per i figli di parlarsi, filmare, trasmettere, mandarsi messaggi, usare app, ovunque e mentre si fa qualsiasi altra cosa, mentre si è a scuola, in palestra, a passeggio con gli amici, sul motorino, in discoteca, a letto con una ragazza o un ragazzo. Qualità che solo quell'oggetto tecnologico ha, e che rende i nostri figli praticamente incontrollabili, del tutto svincolati da ogni possibile sorveglianza: sono dappertutto contemporaneamente e sono sempre tra di loro, e noi per raggiungerli dobbiamo metterci in fila. Mai prima i genitori erano stati così esclusi dalla vita di relazione dei figli.

E poi gli smartphone danno ai giovani la straordinaria opportunità di essere non solo fruitori passivi, come quando stavano a casa a guardare la televisione, ma coautori e coproduttori dell'immaginario della loro generazione, perché possono mettere in rete e condividere con platee molto ampie la loro stessa vita, anche in diretta, diventando i protagonisti della grande soap opera globale dell'adolescenza.

La tradizionale struttura verticale, *top-down*, che fin qui aveva caratterizzato la comunicazione anche nelle sue espressioni più moderne, è diventata una struttura orizzontale, dove il consumatore-fruitore è ormai allo stesso livello del produttore e spesso vi si identifica; lo si vede benissimo nel campo dell'informazione, che, da trasmissione di notizie tra un gruppo professionale di mediatori (i giornalisti) e il pubblico, è progressivamente diventata una conversazione all'interno del pubblico, nella quale fonti e destinatari hanno lo stesso peso. E rischia di diventare presto – se non lo è già – una struttura *down-top*, in cui è la sterminata massa di fruitori a determinare la produzione (i siti dei giornali si fanno già così, con la rilevazione istante per istante dei click degli utenti, il cui numero decide la sorte e la collocazione di una storia, di una notizia, di un video).

Da un lato questo mette nelle mani dei nostri figli un potere mai avuto prima, moltiplica ed esalta la loro funzione di consumatori che determinano lo spirito del tempo e il gusto del pubblico. E questo ha anche aspetti positivi, perché ne fa ragazzi molto più informati delle generazioni precedenti (anche se necessariamente informati in modo sommario e superficiale, più volpi che ricci, per usare la celebre metafora di Isaiah Berlin); meno provinciali, più aperti al mondo, più consapevoli delle tendenze e delle mode del momento, più a loro agio con le lingue straniere e in particolare con quella speciale mescolanza globale di idiomi che è il *pidgin English*, più in grado di verificare le informazioni o di approfondirle *googlando* (a ogni divergenza di opinioni che si verifica in casa, anche su comportamenti da tenere e norme da rispettare, i miei figli piccoli propongono di lasciar decidere a Google chi ha ragione, considerandolo la fonte di ogni saggezza e verità).

Si tratta dunque di giovani ansiosi di prendere in mano il loro destino, più irriverenti nei confronti del potere, meno dipendenti dal giudizio dei padri e più disposti a rischiare. Che è poi quello che noi genitori pensiamo essere l'essenza della postmodernità, ciò che noi stessi idolatriamo come il futuro prossimo venturo, e a cui li prepariamo mandandoli all'estero d'estate o a studiare nelle scuole internazionali, per diventare tutti come gli americani, liberi di correre senza il peso della tradizione e del passato.

Dall'altro lato, però, il mondo che entra loro in tasca attraverso lo smartphone ne fa anche una generazione separata, a sé, quasi intoccabile e irraggiungibile da quella precedente, cioè da quella dei genitori, che non naviga nelle stesse acque e dunque non la capisce, e soprattutto non riesce più a parlarle. Una generazione più anarchica e più conformista allo stesso tempo, perché dominata dall'imperativo della trasgressione e dell'omologazione insieme. Quindi, paradossalmente, in potenza migliore delle precedenti (non seguo la moda della lamentazione da tecnologia, nuova forma di *laudatio temporis acti*); ma proprio per questo anche più bisognosa di costruirsi un suo set di valori per non perdersi, per evitare che tanta apertura al mondo si rovesci in chiusura solipsistica, in incomunicabilità di massa, in onanismo intellettuale incapace di generare alcunché di collettivo.

Niente di strano, dunque, se si è aperta in tutto il mondo una seria discussione su quale sia l'età giusta per consegnare ai figli questo strumento tanto straordinario. In Colorado, per esempio, un genitore che di mestiere fa l'anestesista a Denver ha lanciato la proposta di un referendum nello Stato per imporre il divieto di vendita degli smartphone ai ragazzi al di sotto dei tredici anni. «Alla fine i nostri figli avranno comunque il telefonino e conosceranno il mondo, e tutti noi lo sappiamo; ma che aspettino almeno fino ai tredici anni, sotto quell'età è pericoloso»[2], ha spiegato Tim Farnum, il promotore, sostenendo che se ci sono limiti per la vendita ai minorenni di alcol, tabacco e pornografia, ci devono essere anche per lo smartphone, che consente ai ragazzi di avere accesso a quei vizi e a molti altri ancora. Se la petizione raggiungerà le trecentomila firme, il primo referendum al mondo sugli smartphone potrebbe svolgersi in Colorado.

Naturalmente l'iniziativa del padre di Denver presenta numerose incongruenze. Per esempio: come si fa a impedire l'acquisto di uno smartphone da parte di un adulto che intenda poi regalarlo al figlio sotto i tredici anni? La proposta prevede che i venditori debbano porre esplicitamente questa domanda all'acquirente e poi compilare un registro da inviare ogni mese allo Stato; procedura che, è stato fatto notare, per la vendita di armi non è richiesta. Diventerebbe così più facile comprare un fucile a pompa che uno smartphone[3]. E poi: perché mai i genitori non

[2] Alicia Stice, *Colorado group wants to ban sale of smartphones for kids under 13*, Usa Today, 19 giugno 2017, www.usatoday.com/story/tech/nation-now/2017/06/19/colorado-group-wants-ban-sale-cellphones-smartphones-kids-under-13/407898001/.

[3] Cfr. Simone Cosimi, *La ridicola proposta del Colorado: no agli smartphone per gli un-*

applicano essi stessi la norma che vorrebbero inserire nella legislazione, assumendosi le loro responsabilità e dicendo qualche no, invece di nascondersi dietro l'autorità pubblica?

Ma il dibattito non si svolge solo nella conservatrice provincia americana. Durante la sua campagna elettorale, per esempio, il presidente francese Emmanuel Macron – certo non un uomo del passato – ha proposto di bandire l'uso del telefonino fino al *collège*, cioè fino ai quindici anni. «Il divieto è già previsto dal *Code de l'éducation*. Ma Macron ha scelto di ribadirlo in un mondo che sta andando in realtà nella direzione opposta. New York nel 2015 ha cancellato il veto per la richiesta dei genitori, troppo in ansia senza contatti continui con i figli. E la proibizione che vige in Italia dal 2007 è stata in parte superata dal Piano nazionale per la scuola digitale del 2015, che non ha rango di legge, ma con quel suo definire "troppo drastico" il divieto finisce di fatto con l'autorizzarne le deroghe. Il risultato è che oggi ogni scuola in Italia può scegliere se ammettere o no i telefonini e i tablet (ovviamente solo per scopi didattici)»[4]. E lo stesso ministro della Pubblica istruzione ha di recente proposto, tra molte polemiche, di aprire ufficialmente le porte della scuola allo smartphone[5].

Del resto gli insegnanti che provano a far rispettare il divieto di cellulare in classe spesso finiscono denunciati per sequestro illegittimo e abuso di potere dagli stessi genitori.

Di recente anche Google ha proposto i tredici anni come maggiore età digitale, il momento cioè in cui chiede «ai suoi utenti più giovani se vogliono prendere possesso del loro pro-

der 13, Wired, 20 giugno 2017, www.wired.it/mobile/smartphone/2017/06/20/proposta-colorado-no-smartphone-under-13/.

[4] Elena Dusi, *Irrinunciabile smartphone. «Ma i divieti non servono»*, in «la Repubblica», 3 marzo 2017, www.repubblica.it/scuola/2017/03/03/news/irrinunciabile_smartphone_ma_i_divieti_non_servono_-159629504/#gallery-slider=103065330.

[5] Cfr. Corrado Zunino, *Svolta della ministra Fedeli: «Smartphone in aula a scuola. Dico sì, sono un aiuto»*, in «la Repubblica», 12 settembre 2017, www.repubblica.it/scuola/2017/09/12/news/la_svolta_della_ministra_smartphone_in_aula_dico_si_sono_un_aiuto_-175262917/.

filo creato in precedenza dai genitori con l'applicazione *Family Link*»[6].

Tredici non è un numero a caso. Coincide con l'età in cui in America è consentito aprire un profilo Facebook o Instagram senza il consenso dei genitori. Ma in Europa si vorrebbe, almeno a parole, essere più rigidi. Un regolamento dell'Unione europea fissa a sedici anni il limite per l'iscrizione alle piattaforme, anche se lascia ai singoli Stati la possibilità di decidere in una forchetta che va dai tredici ai sedici.

Perfino Bill Gates, uno dei grandi pionieri dell'era digitale, si è posto il problema con i figli, e si è dato una risposta. Non ha concesso loro lo smartphone fino all'età di quattordici anni, e anche dopo ha mantenuto delle regole e dei limiti, proibendone l'uso a tavola durante i pasti comuni o fissando delle ore della giornata *screen-free*, nelle quali cioè ai ragazzi è vietato utilizzare qualsiasi schermo. Lo ha raccontato in un'intervista al «Mirror» e confesso che leggendola mi sono entusiasmato, tanto che ho immaginato di adottare anche a casa mia lo stesso schema. Poi un altro articolo mi ha fatto riflettere: i ragazzi Gates vivono in una casa che vale 125 milioni di dollari e il padre ha un patrimonio di 87 miliardi. Diciamo che il loro ambiente è un po' diverso da quello dei miei e dei vostri figli e il loro avvenire un po' più sicuro. E poi: a pensarci bene, è perfino ovvio che l'inventore della tecnologia Windows proibisca in casa sua l'uso della tecnologia Apple, diretta e formidabile concorrente, vietando iPhone e iPad. Più difficile giustificare nelle nostre case l'utopia di un mondo senza Apple. È un po' come accadeva con Veronica Lario quando, sposata al re delle televisioni in Italia, poteva permettersi di negare ai figli la tv seguendo i principi dell'educazione

[6] Martina Pennisi, *Quando si può prendere la «patente» per navigare in Internet? «13 anni? Troppo pochi, non c'è senso critico»*, in «Corriere della Sera», 28 luglio 2017, www.corriere.it/tecnologia/17_luglio_28/quando-si-puo-prendere-patente-navigare-internet-soli-parental-control-gdpr-6c615124-73d3-11e7-a3f5-e19bfc737a80.shtml.

steineriana, cosa che a noi mortali risulterebbe francamente impossibile.

Ciò detto, e ribadito un pregiudizio sfavorevole verso sistemi fatti solo di divieti, la questione di un'autoregolamentazione familiare dell'uso dello smartphone esiste, ed è seria. Presentano problemi sia il suo semplice utilizzo sia i contenuti che può veicolare. Per quanto riguarda l'uso, c'è addirittura una richiesta della Società italiana di pediatria preventiva e sociale di vietarlo del tutto ai bambini sotto i dieci anni perché nocivo alla salute, a causa degli effetti termici del campo elettromagnetico e delle forme di dipendenza psicologica che dà (chiunque abbia visto una bambina alle prese con *musical.ly* sa di che cosa parliamo). In più, l'abuso di smartphone è certamente responsabile anche di problemi di concentrazione e di rendimento scolastico. Secondo una ricerca della London School of Economics del 2015, nelle scuole dove il cellulare è vietato gli studenti hanno ottenuto all'esame di maturità voti del 6,4% più alti. «L'utilizzo eccessivo dei dispositivi digitali è stato correlato alla comparsa di disturbi del sonno e di disturbi socio-emozionali quali comportamenti aggressivi, ansia e irritabilità, e a ridotte flessibilità mentali ed empatia... È dimostrata una associazione tra l'eccessivo utilizzo delle tecnologie digitali in età prescolare e la presenza di ritardi del linguaggio e disturbi cognitivi. I nuovi media rendono sì i bambini capaci di multitasking, riducendo però la loro capacità di attenzione e aumentando le difficoltà di concentrazione e di comprensione»[7].

Inoltre, gli studiosi si mostrano preoccupati dei rischi di dipendenza digitale. «Molti ragazzi (più del 50% in una recente ricerca effettuata nel Nord Italia) tengono il cellulare acceso 24 ore su 24»[8].

[7] Cfr. Valeria Balbinot, Giacomo Toffol, Giorgio Tamburini, *Tecnologie digitali e bambini: un'indagine sul loro utilizzo nei primi anni di vita*, in «Medico e bambino», ottobre 2016.

[8] «Lo studio Net Children go mobile progettato dalla Commissione Europea, ha mes-

È evidente quindi che bisogna fare qualcosa, e che il modo migliore di intervenire è l'autoregolamentazione, unica strada praticabile. Sono dunque i genitori stessi che, possibilmente discutendone prima con i figli, devono darsi e dare delle regole. Si deve partire dal buon esempio. Noi adulti per primi usiamo troppo e male le tecnologie digitali. Compulsivamente, come un passatempo, ogni volta che abbiamo un istante libero, controlliamo lo schermo dell'iPhone. Talvolta siamo noi stessi a metterlo nelle mani di bambini anche molto piccoli per farli star buoni, per ottenere una mezz'ora di respiro, per vedere un film in santa pace. Se i bambini giocano con lo smartphone a tavola molto probabilmente è perché noi genitori ce l'abbiamo portato, magari con la scusa che è per lavoro, per continuare a leggere mail e messaggi mentre ceniamo. Qualsiasi regola intendiamo proporre, dunque, stiamo bene attenti a rispettarla per primi, altrimenti la nostra autorità e credibilità sono minate fin dal principio.

Per il resto, i suggerimenti e gli accorgimenti da prendere sono intuitivi. A un preadolescente che chiede lo smartphone va offerto innanzitutto un training preventivo sotto il controllo dei genitori. Avete presente la dicitura «bambini accompagnati» che segnala i film non proprio per tutti? Dovremmo fare lo stesso con l'iPhone, cominciando con l'accompagnare i nostri figli nell'uso del nostro cellulare, magari del nostro account WhatsApp o Facebook, per vedere l'effetto che fa, per mostrare che c'è un galateo da rispettare, che non tutto si può scrivere, che si opera in uno spazio pubblico in cui ci assumiamo la responsabilità di ciò che diciamo, aperto anche a persone che non necessariamente ci vogliono bene o sono nostri amici (sempre che i nostri account sui social siano tali da poter essere mostrati ai minori).

Si possono poi stabilire dei limiti, delle ore della giornata in

so in evidenza che più del 60% dei ragazzi tra i 9 e i 16 anni hanno un profilo sui social network (nel 32% dei casi completamente pubblico) e che il 6% si è sentito turbato da qualche esperienza online»; *ibid.*

cui lo smartphone è spento: quando si cena (l'abbiamo già detto), ma anche quando si fanno i compiti, un'ora prima di andare a dormire in modo da «disintossicarsi» almeno un po' prima del sonno, sarebbe anzi giusto decidere che in camera da letto lo smartphone non entri proprio. Infine dobbiamo negoziare con i nostri figli: se io ti compro il telefonino, tu mi consentirai una verifica periodica del tuo browser per vedere che cosa cerchi di solito in rete? Mi lascerai dare una scorsa ai tuoi dialoghi su WhatsApp con gli amici? Personalmente ritengo che almeno fino ai quattordici anni ogni pretesa di privacy su internet da parte dei figli vada respinta. C'è anche chi suggerisce di partecipare alla scelta delle immagini del profilo che vostro figlio o vostra figlia inserisce e spesso cambia sui social, perché attraverso queste scelte si intuiscono molti problemi di identità in formazione che sono spesso la causa scatenante di comportamenti sbagliati o a rischio[9].

Va aggiunta una postilla molto importante: qualsiasi codice di autoregolamentazione venga scelto in casa, rigido o meno che sia, dovremmo discuterne con gli altri genitori, informare quelli i cui figli frequentano i nostri, e magari li ospitano spesso per un pomeriggio o per una notte. Bisogna ricostruire una rete di solidarietà tra famiglie. Gli altri genitori dovrebbero sapere come ci comportiamo noi, quantomeno per verificare il rispetto delle nostre regole quando i nostri figli sono sotto la loro sorveglianza e viceversa, meglio ancora per fissare insieme regole comuni che valgano per interi gruppi di ragazzi: se un codice si applica a una comunità di adolescenti, è più facile farlo riconoscere come giusto e dunque è più probabile che i ragazzi lo rispettino senza bisogno di sanzioni.

[9] Rosalba Miceli, *Safer Internet Day: fare del web un luogo positivo e sicuro*, in «La Stampa. Tuttoscienze», 26 gennaio 2017, www.lastampa.it/2017/01/26/scienza/galassiamente/safer-internet-day-fare-del-web-un-luogo-positivo-e-sicuro-7D0SYBVbNC9J38qqx3EthK/pagina.html.

Spetta poi ai genitori il mestiere, difficile ma esaltante, di mostrare ai figli che il mondo è pieno di fantastiche attività che si praticano senza lo smartphone, e presenta meravigliose opportunità di godere in mille altri modi dei rapporti sociali e affettivi, del gioco e del divertimento, dell'amicizia. Forse non ricordiamo nemmeno più quali sono, ma ci sono eccome. Più la loro vita sarà ricca di piaceri goduti altrove, minore sarà il rischio che i nostri figli si perdano in quello schermo.

Dobbiamo infine stare attenti a non confondere ogni disagio esistenziale, così frequente nell'età dell'adolescenza, con una forma di tossicodipendenza da web. Voglio dire che, come tutti ricordiamo bene dai tempi della nostra adolescenza, una tendenza a chiudersi, a sospendere i rapporti personali, a fuggire, ad avere paura del mondo, a perdere quella stima in se stessi che l'infanzia invece garantiva, può manifestarsi in un ragazzo anche a prescindere dallo smartphone. È il fenomeno che oggi si chiama degli *hikikomori*, perché identificato per primo da uno psichiatra giapponese negli anni ottanta, dunque ben prima degli smartphone. «Oggi in Italia si stima che ci siano circa 120mila autoreclusi: la scelta di chiudersi in casa è quasi sempre la conseguenza di un fatto traumatico. Ad esempio: andare a scuola e sentirsi invisibili; essere etichettati come sfigati, o perseguitati per l'aspetto fisico»[10].

Queste sono patologie per le quali, paradossalmente, lo smartphone può diventare un alleato, invece che un nemico, perché è comunque una finestra sul mondo degli altri. Non tutto ciò che non va nella testa di un ragazzo deve dunque essere attribuito all'era tecnologica in cui viviamo. Anzi, troppo spesso usiamo la psicosi digitale come una scusa per chiudere gli occhi di fronte

[10] Matteo Lancini, presidente della fondazione Minotauro, in Maria Novella De Luca, *Quei centomila adolescenti prigionieri delle loro stanze: «Ma il web può farli uscire»*, in «la Repubblica», 4 maggio 2017, www.repubblica.it/cronaca/2017/05/04/news/quei_centomila_adolescenti_prigionieri_delle_loro_stanze_ma_il_web_puo_farli_uscire_-164577027/.

ad altri problemi, che noi genitori non riusciamo a comprendere o che preferiamo non comprendere.

Educare un figlio ai tempi dello smartphone è certamente più difficile. Ma lo è soprattutto se diventa un alibi per rinunciare a educarlo.

Non parlate con gli sconosciuti

La luce verdognola dell'iPad illumina i due visi angelici nella notte. Hanno dimenticato di spegnerlo prima di addormentarsi. Lo so, ho appena scritto nel capitolo precedente che la camera da letto dei bambini dovrebbe essere off limits per ogni schermo digitale. Ma in materia di figli tra il dire e il fare c'è davvero di mezzo il mare. E poi per poter dire bisogna anche fare: esser presenti, cioè, non limitarsi ad ammonizioni e prescrizioni. Stasera non c'ero, non ero lì a metterli a letto, a raccontare loro una storia, e così zac, si sono presi il tablet come ninna nanna.

Per mia fortuna non ho dovuto finora combattere grandi battaglie per tenere i figli al riparo dai pericoli della Rete. La maggiore, nata dieci anni prima di Facebook, è cresciuta in un'epoca molto meno virtuale; e i due più piccoli, in età da elementari, si fidano ancora più di me che di internet.

Ma mentre li guardo dormire abbracciati a un iPad non posso fare a meno di domandarmi che sarà di questi esemplari della Generazione Alpha, la prima del III millennio. Vivranno in un mondo tecnologicamente incomparabile con il nostro. Saliranno su un'auto senza guidatore, assegneranno compiti al robot di casa, magari passeranno le vacanze di Natale sulla luna. La loro aspettativa di vita li autorizza a puntare al Capodanno del 2100. Con quattro o cinque geni modificati e un paio di xenotrapianti, potrebbero andare anche oltre. Tutto ciò che oggi ci sembra modernissimo, gli smartphone, i social e i selfie, sarà per loro un pallido ricordo, come per noi più vecchi la Polaroid, il Nintendo o i Tamagochi.

Non è dunque la tecnologia, questo feticcio ai cui piedi depositiamo tutte le nostre angosce, che mi preoccupa; ma quello che c'è nella testa dei miei bambini, le idee del loro tempo. Attenti a non confondere il mezzo con il messaggio, perché il messaggio esiste anche senza il mezzo e fuori di esso. Quello che dobbiamo temere è la sinergia tra un'idea pericolosa e l'opportunità di diffonderla che il mezzo offre. Ed è esattamente ciò che sta accadendo: mentre la cultura del nostro tempo pretende infatti dai giovani «identità», la tecnologia del nostro tempo garantisce loro lo schermo dell'anonimato.

Cominciamo dall'anonimato. In nessuna delle tante guide stilate dalle «autorità» e reperibili online, che insegnano a genitori e figli come navigare in Rete senza naufragare, si presta la necessaria attenzione al vero demone del web, al suo lato oscuro, presupposto e condizione di tutti i pericoli che vi si annidano: la possibilità di nascondersi dietro un nickname e da lì colpire indisturbati. Offendere, minacciare, prendere in giro, insultare; oppure adescare, sedurre, attrarre, irretire. Un web senza anonimato sarebbe molto meno minaccioso e molto più trasparente.

Difficile sperare che i gestori dei server e dei social facciano la loro parte, imponendo agli utenti delle regole di ingaggio severe, che riducano il più possibile pseudonimi e anonimi. È una via che non prenderanno mai di loro iniziativa, perché nessuno vuol perdere click, che significano pubblicità e ricavi.

Dall'altro lato, però, noi genitori potremmo provare a spingere per avere politiche pubbliche e comportamenti privati capaci di diffondere una cultura di condanna e di isolamento dell'anonimato. C'è chi suggerisce ai figli minorenni di non andare mai sul web con il proprio nome e a viso aperto, di diventare a loro volta anonimi per proteggersi così dai malintenzionati. Io penso, al contrario, che dovremmo insistere con i nostri ragazzi perché ci mettano la faccia, come si dice oggi. Questo ridurrebbe innanzitutto il rischio che si trasformino essi stessi in crudeli persecutori facendo del male ad altri, eventualità che dobbiamo prendere in considerazione anche per il più gentile e mite dei nostri figli, perché da giovani l'opportunità di far qualcosa di sbagliato senza essere riconosciuti è irresistibile (ricordate il gioco dei citofoni quando eravamo ragazzi? o il lancio della busta piena d'acqua dal balcone sui passanti? o i bigliettini con le maldicenze lasciati sui banchi di scuola per denigrare un compagno?). Ma accrescerebbe anche la soglia di attenzione ogni volta che siano invece loro a incontrare qualcuno che dietro una sigla e senza dare il proprio nome tentasse di avvicinarli, di subornarli o di fargli del male. Io stesso mi sono sorpreso più volte sui social a discutere a lungo, e spesso animatamente, con persone di cui non conosco il nome, il sesso, la provenienza; e mi sono chiesto perché mai lo facevo, soprattutto quando arriva il momento, che arriva sempre, degli insulti. Perché lo accettiamo? Perché tolleriamo sul web ciò che, per esempio, non consentiremmo mai al telefono, dove ci si presenta prima di parlarsi?

Si potrebbe farne una campagna di sensibilizzazione rivolta ai giovani, magari ricorrendo anche all'aiuto delle star del web. Ho già pronto lo slogan, antico ma tornato di attualità: «Non parlate con gli sconosciuti». Diffidate degli anonimi. Imparate a prendervi la responsabilità di ciò che dite e fate. Sarebbe oltretutto un bel modo di usare il web come scuola di vita, perché tanto poi da grandi, a un colloquio di lavoro o al primo incontro con una ragazza, i nostri figli dovranno andarci con la loro faccia, senza potersi nascondere dietro un paravento.

Forse è questa la vera emergenza che oggi la Rete ci propone. La questione dell'anonimato è centrale, per esempio, nel caso del *cyberbullismo*, uno dei fenomeni più inquietanti perché somma una forma tradizionale di crudeltà giovanile alla nuova potenza del mezzo, amplificando così a dismisura un problema che un tempo poteva essere circoscritto[1]. Sebbene, infatti, la prevaricazione sui coetanei, più o meno violenta, sia sempre esistita, la copertura garantita nella Rete ne ha reso la versione «cyber» molto più diffusa. Nel giro di pochi anni le proporzioni si sono capovolte: oggi sono molti di più i casi di cyberbullismo che quelli di «bullismo faccia a faccia». E i social network sono la modalità d'attacco preferita[2]. La classifica delle persecuzioni online vede in testa il *flaming*, messaggi violenti o volgari. Al secondo posto ci sono la denigrazione e il danneggiamento della reputazione; al terzo i furti di identità con la creazione di profili fittizi; al quarto l'isolamento relazionale, ossia l'esclusione della vittima dal gruppo di amici[3].

Lo stesso vale per i *siti pro suicidio*, fenomeno meno noto ma diffusissimo e anche più pericoloso, se si considera che, dopo incidenti stradali e Aids, il maggior numero di adolescenti muore togliendosi la vita[4]. Inserendo nei cinque motori di ricerca più diffusi in Italia parole chiave come «suicidio», «metodi per il suicidio», «suicidio senza sofferenza», in più della metà dei casi saltano fuori indirizzi che forniscono informazioni su come uccidersi, molto più raramente siti che tentano di scoraggiarlo o di prevenirlo. E in Italia non esiste alcuna legge che limiti la libertà di queste forme di istigazione implicita, né c'è una campagna di opinione pubblica che prema per mettervi un freno.

[1] Secondo la definizione della guida *Generazioni connesse. Safer Internet Centre*, edita dal Miur con la Commissione europea, «una forma di prevaricazione tra coetanei (bambini e/o adolescenti) che nasce e si sviluppa prevalentemente nel contesto scolastico. Nello scenario virtuale azioni di bullismo possono essere fotografate o filmate, pubblicate e diffuse sul web, trasformandosi in veri e propri atti di prepotenza informatica, di persecuzione, di molestia e calunnia».

[2] Secondo una ricerca Ipsos per Save the Children, quattro minori su dieci sono stati testimoni di atti di bullismo nei confronti di coetanei percepiti diversi per aspetto fisico, per orientamento sessuale o perché stranieri.

[3] Da una ricerca condotta su 2419 adolescenti dall'osservatorio Open Eyes, di cui fanno parte, oltre al Miur, anche l'associazione ChiamaMilano, l'istituto Niccolò Machiavelli e il dipartimento di Psicologia dell'Università di Napoli.

[4] Cfr. *Rapporto sulla salute mondiale 2014* dell'Organizzazione Mondiale della Sanità.

Un gradino prima del suicidio c'è l'autolesionismo, più diffuso di quanto si pensi. Oltre la metà dei giovani intervistati nel corso di una ricerca di Telefono Azzurro ha dichiarato di conoscere qualcuno che si è fatto del male volontariamente. Anche qui lo spettro che si aggira per la Rete è l'istigazione anonima. In tutto il mondo è esplosa la psicosi Blue Whale, il «gioco» online di cui tanto si parla ma del quale non sono ancora state trovate prove sufficienti per capire se si tratta di un fenomeno reale e organizzato oppure di una moda dark amplificata dai media. Si sospetta che nel deep web, dietro migliaia di hashtag, chat, messaggi online, si nascondano alcuni «curatori» – così sono chiamati i «maestri del gioco» – che danno «compiti» alle «balene», cioè ordini a ragazzini disposti a cominciare un percorso di violenza su se stessi che parte da atti di autolesionismo e può finire, al termine dei cinquanta giorni del «gioco», con il suicidio.

Per quanto ci siano dubbi sull'effettiva esistenza di un vero e proprio piano, è però certo che il web pullula di adolescenti che chiedono di giocare, e ci sono gruppi online dove i teenager si scambiano informazioni su come intraprendere i primi passi, per esempio su come simulare con Photoshop i tagli sulle braccia. In Russia, paese nel quale il numero dei suicidi di minori è tra i più alti al mondo, 720 vittime nel 2016, tre volte sopra la media europea, una legge ha messo al bando le «chat della morte» punendo chi istiga al suicidio con la reclusione da tre a sei anni, anche in assenza di una vittima[5].

Gran parte di questo allarme scaturisce sicuramente da ossessioni securitarie così tipiche della nostra epoca, o da ansie da regime autoritario (come quello russo) che teme qualsiasi comportamento giovanile considerato deviante, anche vestirsi di

[5] Cfr. Anna Zafesova, *Il Parlamento russo proibisce le "chat della morte": dove nasce il caso della "Blue Whale"*, in «La Stampa», 29 maggio 2017, www.lastampa.it/2017/05/29/esteri/il-parlamento-russo-proibisce-le-chat-della-morte-dove-nasce-il-caso-della-blue-whale-FAsewFsb0ze1BsCHbCxS5M/pagina.html.

nero e ascoltare una certa musica o parlar male del governo; e molto deriva dal timore dei genitori, sempre più diffuso anche in Occidente, di perdere il controllo sui figli.

Dovremmo però riflettere su un punto: certamente non ci si suicida per gioco. Se tanti ragazzi lo fanno, è perché c'è qualcosa di più grave che li spinge a fuggire dalla vita, che evidentemente appare loro priva di senso, di allegria, di speranza, e per questo genera disperazione. Non basta l'anonimo in Rete, insomma, per spingere un giovane a uccidersi. Ma sulla Rete quel «buco nero» dell'anima rappresentato negli adolescenti dall'urgenza precoce di definire una propria identità, invece inevitabilmente ancora in formazione, li rende estremamente vulnerabili al giudizio del gruppo dei coetanei; può dunque essere amplificato e condiviso, riprodotto e trasformato in un'onda che travolge un'intera generazione.

Da questo punto di vista è estremamente interessante l'incredibile successo planetario della serie *13 Reasons Why*, tratta da un best seller di Jay Asher e lanciata da Netflix, diventata la più popolare tra gli adolescenti di tutto il mondo e la più inquietante per i genitori, che infatti si domandano se vietarne la visione ai figli per evitare rischi di emulazioni. È la storia di Hannah, una ragazza californiana di diciassette anni che si toglie la vita al termine di un calvario di bullismo e di violenze di cui è vittima nel suo gruppo di coetanei: dalle prime foto imbarazzanti sui social, al premio-sfregio che la nomina «miglior sedere» della scuola, fino a un vero e proprio stupro. Nella fiction Hannah racconta in un flashback dopo la sua morte, attraverso un video registrato su sette cassette, le tredici ragioni per cui si è uccisa.

Il successo della serie, e il timore che possa provocare un effetto Werther di imitazione, ha destato notevole preoccupazione e anche molti tentativi di censura. In Australia è partita addirittura un'indagine giudiziaria per verificare il possibile nesso causale tra la visione del programma e il suicidio di tre adolescenti. In Florida un dirigente scolastico ha accusato i produttori di essere responsabili di una dozzina di casi di comportamenti autolesionistici nelle scuole di Palm Beach. In un istituto del Minnesota è stato rimosso dalla biblioteca il romanzo cui è ispirata la serie. Un clima da caccia alle streghe, criticato da chi invece ritiene che si tratti di un'ottima occasione per parlare con i figli di bullismo e di quello che succede a scuola, per dare loro aiuto e assistenza, esattamente ciò che la protagonista non riesce a ottenere dal suo ambiente familiare. L'editorialista di un quotidiano di Sidney ha pubblicato un dialogo con il figlio minore che ha spopolato sul web: cominciava con il divieto di visione della serie e finiva con la richiesta del ragazzo, accolta dal padre, di vederla insieme.

Personalmente, non credo molto al valore «terapeutico» di queste operazioni. Il problema è che nella trasformazione in fiction di tragedie individuali come quella del suicidio, l'analisi della cause finisce sempre e inevitabilmente per lasciare il campo a una dimensione glamour, a un'idealizzazione dei personaggi: trasforma il dramma in epica, e fa della vittima un eroe[6]. L'associazione degli psicologi scolastici americani ne ha criticato il meccanismo narrativo perché fa apparire il suicidio di Hannah come catartico, e alla fine sembra avere un impatto salvifico sulla comunità di cui la ragazza faceva parte: la sua morte spinge infatti l'amica a smettere di bere e a confessare al padre la violenza subita, induce un altro ragazzo ad aiutare la compagna di scuola autolesionista, e si capisce che porterà alla scoperta e alla punizione dello stupratore. Secondo gli esperti, «l'idea che dopo il tuo gesto tutti improvvisamente capiranno che cosa stavi passando è esattamente il modo di glorificare il suicidio», di presentarlo come un'opzione possibile per riscattarsi e ottenere finalmente la comprensione degli altri, in particolare del gruppo dei coetanei.

[6] «Dal poeta vittoriano Alfred Tennyson a *Le vergini suicide* di Jeffrey Eugenides, la romanticizzazione della ragazza morta, giovane e bella per sempre e spesso vendicata, è un topos della narrativa»; Costanza Rizzacasa d'Orsogna, *13 reasons why, la serie e il dibattito: «È pericolosa», «Temi da affrontare»*, in «Corriere della Sera. laLettura», 29 maggio 2017, www.corriere.it/la-lettura/17_maggio_29/13-reasons-why-serie-dibattito-pericolosa-temi-affrontare-1999f346-4436-11e7-95ab-f09d324d6fee.shtml.

13 Reasons Why non va preso dunque come un documento di denuncia sociale, ma ci deve servire per comprendere quanto sia diffuso il disagio che racconta, e quali livelli di violenza psicologica possa raggiungere oggi un gruppo di adolescenti nei confronti di chi non sia riuscito rapidamente e con successo a costruirsi un'immagine di sé vincente, da esibire nella realtà e sul web.

Ci aiuta a capire insomma perché l'«identità» sia diventata una vera e propria ossessione per i giovani d'oggi, una cosa che se ce l'hai vivi, e se non ce l'hai rischi di soccombere. «Identità» è un termine mutuato dalla vita degli adulti, che del resto si applica ai campi più disparati, da quello politico a quello culturale, a quello etnico. Ma per i ragazzi, che vivono immersi nel mito narcisista della spontaneità e dell'autorealizzazione, ha assunto il carattere di un vero e proprio test esistenziale. Nonostante sia uno degli aspetti più misteriosi e ambigui della personalità (io stesso non riuscirei a definire a sessant'anni quale sia la mia identità), essa deve essere esibita anche quando non c'è ancora. Agli adolescenti non è più concesso il tempo necessario per far sì che l'esperienza li aiuti a costruirsene una: vogliono disporne subito per essere se stessi, così da farsi rispettare. Ognuno, insomma, deve sentirsi qualcuno: l'identità conta più delle qualità, è anzi la qualità per eccellenza, in una vita che assomiglia a un talent show.

È dunque ovvio che i ragazzi cerchino modelli cui ispirarsi, e questo spiega la proliferazione sul web di così tanti celebrity e influencer, gente non famosa per aver acquisito dei meriti in un campo qualsiasi, fosse anche quello della cultura popolare, ma «famosa per essere famosa», espressione riportata in auge dalle vicende di Paris Hilton e delle sorelle Kardashian. Lo sforzo di imitazione che ne segue è fonte di stress enorme nei ragazzi e può portare a vere e proprie rotture in chi non lo regge.

Non ci spiegheremmo altrimenti il culto dell'immagine che ha travolto i giovani di oggi. Nella nostra civiltà ha assunto un'importanza senza precedenti, perché mai prima nella storia le immagini avevano potuto circolare così velocemente e su scala globale. L'esplosione dei selfie, del Photoshop e del ricorso al chirurgo denuncia un'attenzione a come ci vedono gli altri che non è solo migliorativa, ma diventa spesso manipolativa, perché trasforma l'aspetto esteriore in identità, fa del corpo un manifesto, del tatuaggio un geroglifico, come canta Luis Fonsi nel più grande successo planetario di tutti i tempi, *Despacito*: *Hacer de tu cuerpo todo un manuscrito*, «fare del tuo corpo un manoscritto».

Chiunque, anche il ragazzo più timido e riservato, oggi inonda il web delle proprie foto. I social più popolari, Facebook e Instagram su tutti, sono nati esattamente per diffondere e scambiarsi immagini. I ragazzi cercano modi, tagli, angolazioni, smorfie per apparire belli o interessanti, per assomigliare alle star. E, quando non basta, vanno oltre.

Già da anni esistono app dotate di algoritmi che snelliscono i selfie per far apparire più magri perfino di otto chili. Fai uno scatto e senza che nessuno lo sappia («È il nostro piccolo segreto» recita lo slogan di SkinneePix) puoi scegliere tra varie versioni più snelle di te stesso: due-tre, quattro-cinque o sei-otto chili in meno. Oggi queste app (ci sono anche Facetune, Beauty Mirror, Spring) possono fare di meglio: un viso più scavato, zigomi più sporgenti. Una elimina i nei, sbianca i denti e snellisce al massimo. Pare che la usi anche Kim Kardashian. Anzi, il problema è proprio che lo fanno le celebrity, le quali regolarmente ricorrono al cosiddetto *skinny filter* nelle foto, fissando un canone estetico che può avere conseguenze disastrose sulla capacità di socializzazione dei ragazzi più fragili: una volta ottenuto con Photoshop il selfie perfetto sui social, una volta ricevuti i complimenti dagli amici per quanto sei diventato figo, per quanto assomigli a Justin Bieber o a Lindsay Lohan, con che coraggio poi esci di casa, così che tutti possano vedere nella realtà?

Si diffonde l'allarme nel mondo anglosassone per la crescita continua del numero dei giovani che già dai diciotto anni (perché prima teoricamente sarebbe vietato) si rivolgono ai chirurghi plastici per modificare il proprio aspetto e apparire più somiglianti ai modelli imperanti sui social. Una star dei reality negli Stati Uniti, Kylie Jenner, sorella di Kim Kardashian, che ha trentasei milioni di follower su Instagram, allo scoccare del diciottesimo anno d'età ha rilasciato un'intervista al «New York Times» per complimentarsi con il suo chirurgo di Beverly Hills, che le ha gonfiato le labbra in modo a suo dire «molto naturale». La sua non è un'eccentricità. Sempre più giovanissime chiedono interventi di cosmesi su viso e corpo. Per molte ragazze Instagram è uno stile di vita, e vogliono apparirvi perfette. E la novità è che anche tra i ragazzi si diffonde la moda degli interventi chirurgici, perché la ricerca di un'identità da spendere sui social travalica le differenze di genere.

Tutto ciò espone a rischi evidenti. Più sono giovani e più sono emotivamente fragili; più sono giovani e meno soldi hanno; così si rivolgono a medici senza qualità e senza scrupoli, e aumenta il rischio che gli interventi li deludano, accrescendo invece di placare il loro disagio. Non sanno che «una donna di vent'anni che si aggiusta gli zigomi assomiglierà a una donna di trenta che vuole mostrarne venti», come si è espresso, con sarcasmo ma sincerità, un chirurgo londinese. Il fatto è che la Selfie generation non può aspettare di invecchiare per provare a ringiovanire. Considera piuttosto l'intervento estetico un work in progress, che si fa di continuo durante la vita, invece che una volta sola quando è diventato necessario: il trasformismo non conosce pause, perché l'immagine che si vuol dare, l'identità che è tanto importante avere, si deve poter cambiare come un abito.

Se i genitori sono poi abbastanza giovani da aver già vissuto nel mondo dei social, possono perfino assecondare questi comportamenti. Antonella Mosetti, showgirl che ha partecipato a un *Grande Fratello Vip*, ha raccontato a «Diva e Donna» l'esperienza con la figlia Asia: «A sedici anni, con le sue amichette, c'era questa emulazione verso i modelli televisivi, le veline. L'ho portata anche da uno psicologo. Non c'è stato verso... Una notte mi sono presa le sue foto e ho pensato a mia figlia come una fan che mi chiede aiuto. Aveva questa gobbetta sul naso, non usciva più di casa. Appena maggiorenne va magari da un chirurgo orrendo che me la rovina, ho pensato. Ho preso il miglior chirurgo che c'è in Italia, a Verona... L'ho strapagato. L'unico vero intervento estetico. Poi solo qualche punturina di acido ialuronico, piccole cose». Amore di mamma.

Altro trend molto pericoloso, sul quale i social non vigilano abbastanza perché non vogliono rinunciare a utenti e pubblicità, è quello degli hashtag #ana o #anorexia, con i quali le ragazze postano foto di anoressia. Nei casi in cui si aggiunge l'hashtag #recovering anorexic, si tratta di persone che usano effettivamente Instagram come un aiuto, cercando il sostegno della comunità dei follower. Ma c'è un tristissimo sottobosco di ragazze che si fanno forza a vicenda per restare anoressiche, incitandosi a pesare sempre meno, pubblicando foto scheletriche che i social lasciano correre.

Esistono *siti pro-ana* e *pro-mia* che danno consigli e suggeriscono tecniche per contrastare la fame e promuovere comportamenti alimentari disfunzionali, anoressici o bulimici[7]. In questi spazi virtuali – in cui, secondo una ricerca del 2013 di Telefono Azzurro ed Eurispes, a circa il 10% dei ragazzi è capitato di navigare almeno una volta – si legge che «la perfezione è rappresentata dai 40 chili e che per raggiungerla bisogna attraversare un percorso graduale caratterizzato da vari passaggi a seconda del peso di partenza». Elemento che accomuna la maggior parte di questi siti è la descrizione ossessiva del diario alimentare: è riportato tutto quello che le autrici dei post hanno ingerito nell'arco della giornata e accanto a ogni alimento (2 asparagi, 5 acini di uva...) c'è il conteggio delle calorie e la somma finale di quelle

[7] Rimando al vademecum del progetto Generazioni connesse, che dedica a questi temi un capitolo.

assunte nell'arco della giornata. «Anche l'aria può essere presente nel diario e anzi quasi tutte le blogger indicano questo elemento per sottolineare come siano riuscite a non mangiare nulla»[8].

Nonostante tutti questi sforzi, nonostante questa tensione continua per costruirsi un'identità apprezzata, i giovani sui social alla fine non trovano la felicità. Anzi, pare che in definitiva si tratti di un'esperienza molto deprimente. Secondo uno studio dell'Università di Sheffield, più tempo passano su Facebook, Snapchat, WhatsApp e Instagram e più si sentono infelici per il loro aspetto, per i rapporti con la famiglia, per l'andamento scolastico: insoddisfatti, insomma, della loro vita. Con una sola eccezione, però, e decisiva: i social rendono più facile avere e gestire amicizie. E questo spiega perché li frequentano. E forse ci dà una chiave per aiutarli.

Immaginare un mondo senza social non è ovviamente possibile. Non si torna mai indietro. Però non è affatto detto che anche le generazioni future debbano per forza restare intrappolate nella Rete. I giornali in tutto il mondo cominciano a segnalare fenomeni di rifiuto da parte dei più giovani. Ragazzi che sono su Facebook e su Instagram – oggi chi non c'è? – ma che hanno una vita anche fuori dai social e la sanno apprezzare; che hanno ripreso a frequentare i loro coetanei con rapporti diretti e personali, magari in numero più ristretto, magari più selezionati, ma che avvertono come più naturali e più veri.

Che cosa facciamo noi adulti per favorire questa tendenza, perché il vaccino, e cioè un'inoculazione consapevole e depotenziata del virus dei social, si diffonda, e i comportamenti sbagliati vengano un po' alla volta respinti perché superati, fuori moda?

Il problema vero, la domanda che assilla ogni teenager alle prese con una disintossicazione da social, è: «Se smetto di frequentarli, gli altri si dimenticheranno di me?». Sta a noi adulti, a

[8] *Ibid.*

cominciare dai genitori, ma anche ai media e all'industria dello spettacolo, aiutarli a trovare altri modi per non essere dimenticati. Dobbiamo ribaltare l'equazione per cui solo stando sui social si può avere una dimensione sociale, così indispensabile nell'età dell'adolescenza. Anche questa è una «guerra culturale», per destrutturare la grande menzogna in cui vorrebbero tenere i giovani quanti sfruttano la loro solitudine, fingendo di combatterla.

In fin dei conti, ciò che mi auguro per i miei figli è che siano abbastanza liberi da non essere mai costretti a dotarsi di un'identità per essere accettati dagli altri. Perché allora sì che ne avranno una.

Maestri di sballo

Gio è morto a Lavagna, sulla riviera di Levante. Aveva sedici anni. Davanti alla sua scuola, il liceo scientifico sportivo Gianelli di Chiavari, una pattuglia della guardia di Finanza l'ha fermato e gli ha trovato dieci grammi di hashish nella tasca dei pantaloni. «Ne ho un altro po' a casa», ha subito confessato. Non è uno spacciatore, non è abituato a delinquere, non sa mentire. È solo un ragazzo vinto dalla vergogna che si becca una bella lavata di testa e viene accompagnato a casa da due finanzieri. Ad accoglierli c'è la madre, Antonella. I militari cercano nella cameretta del figlio, trovano altri dieci grammi di «roba». Non c'è tempo nemmeno per chiedergli dove l'ha presa. Gio si alza dal divano, esce sul balcone e si getta giù dal terzo piano con un balzo.

È stata la madre ad avvisare i finanzieri del giro di droga davanti alla scuola: «Quella mattina», ha raccontato poi il comandante provinciale della guardia di Finanza, «si è presentata in caserma disperata, dopo innumerevoli tentativi di convincere il figlio a smettere, non sapeva più che cosa fare. Ci ha confidato che era finito in un brutto giro, che gli spacciatori lo tenevano in pugno e lo stavano rovinando. Per questo siamo andati a scuola a controllare»[1].

[1] Cfr. Stefano Origone, *La madre del sedicenne suicida: «Ho chiamato io la Finanza»*,

Questa storia ha i tratti di una tragedia greca: il male colpisce i protagonisti con una furia cieca e tutti ne sono vittime incolpevoli. Gio era un ragazzo sano, per bene, un atleta, popolare tra i coetanei e molto amato. Amato dalla mamma innanzitutto. Al funerale, nella basilica di Santo Stefano di Lavagna gremita di ragazzi, Antonella non si nasconde dietro il dolore e la disperazione, non si lascia sopraffare dal senso di colpa che la opprime. Ragiona. Parla chiaro. Difende la sua scelta: «Prima di chiedere aiuto, ho pensato e soppesato un giorno intero quello che stavo per fare», dice nell'orazione funebre. «C'erano stati segnali da non sottovalutare. Sì, andare alla guardia di Finanza è stata la cosa giusta. Li ringrazio per aver ascoltato l'urlo di disperazione di una madre che non poteva accettare di vedere suo figlio perdersi e che ha provato con ogni mezzo a combattere la guerra contro la dipendenza prima che fosse troppo tardi. Non c'è colpa né giudizio nell'imponderabile. E dall'imponderabile non può che scaturire linfa nuova e ancora più energia nella lotta contro il male». Poi si rivolge agli amici del figlio: «Innanzitutto parlo a voi, ragazzi, che state piangendo la scomparsa di Gio insieme a noi. In ognuno di voi sono presenti dei talenti che vi rendono unici e irripetibili e avete il dovere di farli emergere e svilupparli. Ma là fuori invece c'è qualcuno che vuole soffocarli, facendovi credere che sia normale fumare una canna. Normale fino a sballarsi. Normale andare sempre oltre. Diventate piuttosto i veri protagonisti della vostra vita e cercate la straordinarietà. Straordinario è mettere giù il cellulare e parlarvi occhi negli occhi, invece che mandarvi faccine su WhatsApp. Straordinario è avere il coraggio di dire a una ragazza sei bella invece di nascondersi dietro le domande preconfezionate di Ask. Straordinario è chiedere aiuto quando proprio vi sembra che non ci sia via di uscita. Straordinario è avere il coraggio di

in «la Repubblica», 16 febbraio 2017, http://ricerca.repubblica.it/repubblica/archivio/repubblica/2017/02/16/la-madre-del-sedicenne-suicida-ho-chiamato-io-la-finanza19.html.

dire ciò che sapete… Per Gio è troppo tardi, ma potrebbe non esserlo per molti di voi. A noi genitori invece il compito di capire che la sfida educativa non si vince da soli, nell'intimità delle nostre famiglie. Soprattutto quando questa diventa connivenza per difendere la facciata. Facciamo rete e aiutiamoci tra di noi. Non c'è vergogna se non nel silenzio. Uniamoci».

Infine l'ultimo commosso saluto al figlio: «Perdonami di non essere riuscita a colmare quel vuoto che ti portavi dentro».

Mentre questa madre coraggiosa e sfortunata, combattente di una guerra giusta, per quanto tragica sia stata la sconfitta, indica a tutti noi il male – la dipendenza e, ancora di più, la voglia di dipendenza, di smarrirsi, di «sballare» dei nostri figli –, ecco che subito i cattivi maestri condannano la denuncia invece che il male. Nessuno ha il coraggio di prendersela direttamente con una madre in lutto. Ma se la prendono con «lo Stato», con le «responsabilità pubbliche», con la «solerzia militare che stupisce» dei finanzieri intervenuti, perché la legalità, si sa, in Italia è sempre invocata ma poi è sempre contestato il lavoro di chi la fa rispettare. Il sottinteso è che la madre doveva lasciar fare, lasciar stare.

A guidare l'attacco è Roberto Saviano, il *maître à penser*, il guru televisivo da *Quinto potere* che ha da dire una parola su tutto. La tragedia di Lavagna gli sembra il terreno perfetto per scagliare l'ennesima offensiva per la liberalizzazione delle droghe leggere. Per farlo deve convincerci che Gio non è morto a causa della relazione pericolosa che aveva intrecciato con una sostanza stupefacente vietata dalla legge, ma bensì a causa della legge che vieta quella sostanza. Così arriva a paragonare il ragazzo di Lavagna al povero Stefano Cucchi, piccolo spacciatore morto dopo essere stato in custodia in una caserma, forse a causa delle percosse subite.

Ma che cosa lega due storie così diverse? Semplice. Tutt'e due i protagonisti avevano violato una legge sbagliata. Dunque basta cancellare quella legge perché simili tragedie non si ripetano. Saviano non si lascia neanche sfiorare dal dubbio che Antonella abbia denunciato il figlio non per rispettare una legge, ma per salvarlo. La tragedia di Lavagna non è l'*Antigone*. E d'altra parte Saviano non è Sofocle.

È così ripartito il dibattito sulla liberalizzazione. Francamente non saprei dire se i fautori abbiano ragione o no: se cioè davvero basterebbe non proibire il «fumo» per limitarne il consumo, per renderlo più «pulito» e controllato o, almeno, per ridurre il potere delle mafie che ingrassano con il commercio illegale; o se addirittura potrebbe servire, sui tempi lunghi, a debellare un fenomeno sociale la cui escalation non riusciamo a fermare. Personalmente sono dell'idea che gli esseri umani, se non arrecano danno agli altri, dovrebbero essere liberi di fare ciò che credono della propria vita e anche della propria salute, e dunque propendo per qualsiasi scelta sia davvero liberale, che affidi cioè l'ultima decisione alla persona piuttosto che a uno Stato che si ammanta di pretese etiche. E penso anche che prima di pronunciarci dovremo studiare con attenzione gli esiti delle sperimentazioni in atto in Stati come Uruguay, Canada, Colorado, Oregon e Alaska, per vedere se davvero la legalizzazione produce qualche effetto positivo. In Uruguay, per esempio, paese che teme di finire preda dei narcotrafficanti come la Bolivia o la Colombia, dal luglio 2017 la marijuana si può addirittura comprare in farmacia, ma con regole precise: prezzo fisso di 1,30 dollari al grammo, quantità razionata (10 grammi a settimana), qualità garantita (componente psicoattiva compresa fra il 3,3% e l'11%). Liberalizzata per modo di dire, insomma. Forse pochi sanno che perfino in Olanda, dove da quarant'anni la si vende nei coffee shop, c'è una dose massima acquistabile di 5 grammi al giorno, e chi viola questa norma rischia la bellezza di quattro anni di galera più una multa.

In Canada, invece, si potrà comprarla in negozi specializzati, ma solo se si è maggiorenni, a partire dal 2018. Stessa data per la California, che diventerà presto il più grande mercato a cielo aperto di droghe leggere del mondo, sebbene queste restino proibite negli Stati Uniti a livello federale.

Vedremo come andrà. Non ho pregiudizi in materia. La penso come l'Agenzia europea delle droghe: «Bisogna attendere che siano disponibili valutazioni fondate prima di poter giudicare i relativi costi e benefici dei differenti approcci in materia di cannabis»[2]. Parto però da una domanda che per me ha una risposta chiara: il nostro obiettivo è o non è quello di ridurre l'uso di sostanze stupefacenti di qualsiasi genere da parte dei nostri ragazzi? Oppure dobbiamo accettare come un dato di fatto che il 19% dei giovani italiani abbia fatto uso di cannabis negli ultimi dodici mesi[3]?

Ecco perché mi indigna la grande ipocrisia sulla pelle dei giovani che le posizioni «liberalizzatrici» celano. Non ce la dicono tutta. Provo a spiegare perché.

Sostiene, per esempio, Saviano: «Rendiamoci conto che uno Stato paternalista, che pretende di preservare i suoi figli vietando, è uno Stato destinato a fare un numero incalcolabile di vittime e che regala alle organizzazioni criminali un mercato stimato tra i 4 e i 9 miliardi all'anno. Questo è il valore della cannabis consumata»[4].

Soffermiamoci per un attimo sulla prima affermazione: uno Stato che vieta fa vittime.

In un altro articolo sul tema Saviano nega che la sua idea di legalizzazione equivalga a un «fate pure», anzi a un «fatevi pure», riconoscendo che «è difficile fare breccia nei ragionamenti di chi è contrario senza appello perché dice che «non si può scendere a patti con la mafia», «non si può accettare il male minore», «si devono debellare le droghe, non renderle legali». «Chi potrebbe

[2] Osservatorio europeo delle droghe e delle tossicodipendenze, *Relazione europea sulla droga. Tendenze e sviluppi. 2017*, Lussemburgo, Ufficio delle pubblicazioni ufficiali dell'Unione europea, 2017.

[3] *Ibid.*

[4] Roberto Saviano, *I dieci grammi del ragazzo di Lavagna e i miliardi della mafia*, in «la Repubblica», 15 febbraio 2017, www.repubblica.it/cronaca/2017/02/15/news/titolo_non_esportato_da_hermes_-_id_articolo_6041574-158332627/.

dirsi contrario, teoricamente, a questi principi?», si chiede. «Ma dobbiamo fare i conti con il mondo reale», continua. «E il mondo reale è quello in cui chi fuma due pacchetti di sigarette al giorno (ma anche uno) rischia di ammalarsi di cancro. Il mondo reale è quello in cui quando bevi tre cocktail sei pericoloso per te stesso e per chi trovi sulla tua strada se poi ti metti al volante. In Italia le vittime del tabacco sono stimate sulle 80mila all'anno. Le vittime dell'alcol 40mila. E invece non c'è una sola vittima causata da droghe leggere. Nemmeno una»[5].

Alla fine di questo discorso ci si aspetterebbe un appello a limitare l'uso di sostanze come il tabacco e l'alcol, visto che causano tante morti, non un invito a rendere più agevole l'uso delle droghe leggere. Perché se «lo Stato paternalista fa un numero incalcolabile di vittime» vietando, com'è che la cannabis, che è vietata, non ha mai ucciso nessuno e il tabacco e l'alcol, che, invece, sono legali, fanno una tale strage? Forse perché farsi una canna è ancora un atteggiamento sanzionato dallo stigma di una proibizione, mentre fumare e bere «lo fanno tutti»?

Il paragone con le sigarette e il «cicchetto» è un tema ricorrente nelle argomentazioni dei legalizzatori delle droghe leggere. Ma è un argomento a doppio taglio, come abbiamo visto. Non c'è genitore alle prese con lo sballo di figli giovanissimi che non sappia come alcol, spinello, sigarette, sesso e pasticche vadano insieme: sono il cocktail delle notti che cominciano al baretto della movida e finiscono nel bagno di una discoteca[6]. L'importante è sballare, con che cosa è indifferente – ci sono più di mille sostanze psicotrope in circolazione. E tutto sommato non conta neanche con chi: l'80% degli adolescenti che abusano di alcol e

[5] Id., *Legalizzazione cannabis, così può indebolire mafie e terrorismo*, ivi, 25 luglio 2016, www.repubblica.it/cronaca/2016/07/25/news/legalizzazione_cannabis_fermare_mafie-144759565/.

[6] Cfr. Alessandra Di Pietro, *Il gioco della bottiglia. Alcol e adolescenti, quello che non sappiamo*, Roma, AddEditore, 2015.

droghe dichiarano di aver fatto sesso promiscuo con più persone nell'arco della stessa sera[7].

Ma le ipocrisie non sono finite. Perché gli stessi che propongono lo spinello libero aggiungono che *ovviamente* rimarrebbe vietato ai minori, come avviene anche per alcol e tabacco. Il che innanzitutto rivela che tanto innocua la cannabis non deve essere, se anche chi vuol venderla in pubblico ammette che debba essere proibita ai minori. Poi tradisce il retropensiero di chi in fondo sa, ma non dice, l'amara verità: una volta legalizzata, per i giovani l'uso diventerà più agevole, come già è per alcol e sigarette, senza neanche più il vago timore di una punizione. In un coffee shop del futuro, il «fumo» verrà venduto ai ragazzi sotto i diciotto anni con la stessa facilità con cui oggi nei bar della movida si offre ai nostri figli la sbronza di «shottini» con lo sconto dell'happy hour o come i tabaccai vendono sigarette ai ragazzi del ginnasio senza battere ciglio.

Dice Saviano che il suo «legalizziamo» nasce dall'odio per la droga; invece porterebbe la droga nel mainstream insieme con tabacco e alcol, cioè le sostanze che proprio lui ritiene così letali.

Altra ipocrisia. Tra gli avvocati della legalizzazione c'è anche qualche pubblico ministero di solito inflessibile nei confronti dell'illegalità, come Henry John Woodcock. Per sostenere la sua opinione in un convegno pubblico a Napoli, Woodcock ha fatto ricorso ai dati della relazione al Parlamento della Direzione nazionale antimafia, dove si dà conto del «notevole incremento di sequestri e si conclude che – calcolato il sequestrato inferiore di almeno 10-20 volte al consumato – la massa circolante di cannabinoidi soddisfa un mercato di dimensioni gigantesche. Insomma ogni abitante in Italia, compresi vecchi e bambini, avrebbe a disposizione dalle 100 alle 200 dosi all'anno. Si tratterebbe

[7] Secondo una ricerca condotta su ottomila ragazzi dall'Osservatorio nazionale adolescenza.

dunque di un fenomeno paragonabile secondo la Dna, quanto a radicamento e diffusione sociale, a quello dell'utilizzo di altre sostanze lecite quali alcol e tabacco»[8]. Ecco che ci risiamo: se la disponibilità è davvero tale, vuol dire che oggi solo il divieto ne frena le ulteriori potenzialità di consumo, visto che almeno vecchi e bambini – ne converrà Woodcock – difficilmente se ne fanno un centinaio di dosi all'anno. E in quale modo trasformare in lecito ciò che adesso è un mercato illecito dovrebbe ridurre una tale massiccia disponibilità? Magari invece l'accrescerà[9].

Per fortuna non tutti i magistrati la pensano come Woodcock. Paolo Borsellino, per esempio, era fermamente contrario: «È da dilettanti di criminologia», diceva, «pensare che legalizzando il traffico di droga sparirebbe del tutto il traffico clandestino: resterebbe una residua fetta che diventerebbe estremamente più pericolosa, perché diretta a coloro che per ragioni di età non possono entrare nel mercato ufficiale, quindi alle categorie più deboli e da proteggere»[10]. Non solo resterebbe clandestino tutto lo spaccio ai minori, ma potrebbe aprirsi poi, come già nel caso delle sigarette, il mercato del contrabbando, per eludere l'ingente imposizione fiscale che lo Stato non vedrebbe l'ora di apporre sulla pelle dei nostri ragazzi.

Non per nulla Saviano annuncia soddisfatto che l'erario potrebbe incassare miliardi di euro. Secondo me esagera. Ma in ogni caso, perché festeggiare? I moralisti come lui non protesta-

[8] Henry John Woodcock, *Woodcock: legalizzare la marijuana*, lettera al direttore, in «la Repubblica», 5 maggio 2017, www.repubblica.it/politica/2017/05/05/news/woodcock_marijuana-164684864/.

[9] Tralascio l'argomento secondo il quale depenalizzare alleggerirebbe il peso dei carichi giudiziari e dunque il lavoro delle procure e dei tribunali. Mi chiedo solo come la prenderebbe Woodcock se qualcuno, lamentando – come fa lui per la cannabis –, «il totale fallimento dell'azione repressiva» nei confronti dei reati corruttivi, proponesse la depenalizzazione della corruzione.

[10] Così il magistrato siciliano rispondeva nel 1989 alla domanda di una ragazza nel corso di un incontro pubblico a Bassano del Grappa (*Borsellino: Legalizzare la droga non danneggia la mafia, anzi*, Tempi, 8 gennaio 2014, www.tempi.it/videogallery/borsellino-legalizzare-la-droga-non-danneggia-la-mafia-anzi).

no forse un giorno sì e l'altro pure contro i guadagni che il fisco cinicamente realizza sul gioco d'azzardo, sfruttando le ludopatie anche dei minorenni?

Del resto è proprio sulla tassazione del prodotto, e quindi sul prezzo, che le tesi dei liberalizzatori zoppicano di più. Sta nascendo infatti nel mondo un vero e proprio oligopolio internazionale della produzione di cannabis, che per ora si concentra sul mercato a scopo terapeutico, ma che in prospettiva scommette proprio sul successo del movimento a favore del commercio libero. Grandi capitali investiti per mettere su un nuovo impero e strappare quote di mercato alle organizzazioni criminali. In Borsa e tra gli *hedge fund* è già corsa al *cannabusiness*, numerose società del settore capitalizzano centinaia e centinaia di miliardi e vengono definite il Big Tobacco della marijuana (o Big Maria o Big Pot). Secondo due ricercatrici che hanno provato ad applicare un modello econometrico alla liberalizzazione degli spinelli, questa farebbe aumentare i consumatori del 50%. In Usa vorrebbe dire cinquanta milioni di persone, in Italia i potenziali consumatori sarebbero circa sette milioni, in buona misura adolescenti. «Per scoraggiare i più giovani bisognerebbe perciò quadruplicare il prezzo con le tasse. Ma in Italia la marijuana legale a quaranta euro al grammo significherebbe ridare spazio al mercato nero»[11].

Il serpente si morde così la coda, e si torna alla casella di partenza. Ci troveremmo a combattere non solo le mafie dei narcotrafficanti e lo spaccio illegale che rimarrebbe in piedi per motivi fiscali, ma si aggiungerebbe un altro minaccioso nemico, un colosso, un oligopolio dotato di mezzi legali per orientare il pubblico, sedurne il gusto e indirizzarlo verso il consumo, come sempre avviene quando un prodotto è altamente remunerativo.

[11] Maurizio Ricci, *Marijuana, Big Tobacco del XXI secolo: il grande business della legalizzazione*, in «la Repubblica, Economia & Finanza», 15 maggio 2017, www.repubblica.it/economia/affari-e-finanza/2017/05/15/news/marijuana_big_tobacco_del_xxi_secolo_il_grande_business_della_legalizzazione-165553280/.

Senza contare tutte le sostanze nuove, e sporche, che spuntano come funghi e che sono derivati delle droghe leggere, come la micidiale Amnèsia, cocktail di marijuana tagliata con metadone, eroina e talvolta con l'acido delle batterie delle auto: anche per comporre ricette letali come queste, il commercio illegale di cannabis rimarrebbe ben florido.

Ci sono magistrati di primo piano e non certo meno attivi nella lotta alle mafie, come Nicola Gratteri, che hanno idee ben diverse in materia. Ma perfino chi è favorevole alla legalizzazione, come il procuratore nazionale antimafia Franco Roberti, riconosce i seri problemi che ne deriverebbero, al punto da formulare la proposta forse un po' goffa di liberalizzare sì la marijuana, ma per poi darne la gestione ai Monopoli: «Deve essere lo Stato nella sua centralità, e in via esclusiva, a occuparsi della coltivazione, lavorazione e vendita della cannabis e dei suoi derivati»[12]. Così, per combattere lo «Stato paternalista» si arriva allo Stato spacciatore, e dalla perorazione di uno Stato liberale e di una cultura libertaria che non si impiccia delle scelte dei singoli, si finisce allo Stato monopolista. Strano destino di una liberalizzazione.

Ma queste sono tutte teorie. La questione cruciale, ciò che invece davvero conta nella vita dei nostri giovani, è un'altra: che messaggio daremmo loro legalizzando gli spinelli? Vogliamo lasciar credere che fumarsi una canna è una cosa accettabile e innocua, visto che è permesso ai genitori come bere del vino o accendere una sigaretta, e magari anche vantare l'uso disinvolto che ne ha fatto la nostra generazione di ex sessantottini? E come potremmo poi pretendere che loro si astengano? Come potrebbero negarsi un comportamento così socialmente tollerato nel mondo degli adulti da essere legale? Sarebbe come dire: non è

[12] Conchita Sannino, *Franco Roberti: «I nemici sono i signori della droga non tre milioni di consumatori»*, in «la Repubblica», 6 maggio 2017, www.repubblica.it/politica/2017/05/06/news/franco_roberti_i_nemici_sono_i_signori_della_droga_non_tre_milioni_di_consumatori_-164751515/?ref=search.

che fa male «fumare», sei tu che sei troppo piccolo. Per diventare «grandi» non vorranno fare altro. Non ci accorgiamo che proprio perché noi beviamo superalcolici, nella vita e nella letteratura e nel cinema, appena possono anche i nostri figli bevono? O che proprio perché gli adulti fumano sigarette anche i ragazzi non vedono l'ora di farlo, come un rito di passaggio per crescere in fretta, che poi è la molla principale che spinge un adolescente, la sua prima urgenza e aspirazione?

Il fatto è che la nostra soglia di tolleranza sulle droghe si è abbassata. Abbiamo noi stessi smesso di credere che tutte le sostanze psicotrope, tutte, facciano male, quale più quale meno, a chi più a chi meno, ma nessuna esclusa. Abbiamo fatto nostra una distinzione che proviene da un'epoca lontana, quella tra droghe «leggere» e droghe «pesanti», che forse non ha più riscontro nelle logiche del mercato, dove si vende tutto insieme, né in quelle dei ragazzi che ne fanno uso. Di conseguenza il senso comune del nostro tempo ha abbassato la guardia, ha preso ad accettare come normale la voglia dei giovani di «sballare» di tanto in tanto: a scopo ricreativo, diciamo con un eufemismo. Ma tra l'accettare come «normale» l'ansia di evasione dalla realtà che fa cercare lo «sballo», anche per una sera, e l'accettare l'uso delle sostanze stupefacenti più «leggere», il passo non è lungo; e spesso, anche inconsciamente, nelle famiglie lo facciamo anche noi genitori, magari per quieto vivere, magari per sembrare più moderni, più in sintonia con i nostri figli.

Dovremmo invece contrastare con ogni mezzo l'idea che l'alterazione degli stati mentali sia una cosa positiva, basata sulla presunzione che non si può stare bene senza stravolgersi, senza farsi, senza sballarsi[13]. Per noi genitori non ci possono essere ambiguità. Gli adulti «devono far passare l'idea che in un percorso

[13] Paolo Rigliano, responsabile del servizio psichiatrico degli ospedali San Paolo e San Carlo di Milano, in Elena Tebano, *Il dibattito dopo il caso di Lavagna*, in «Corriere della Sera», 16 febbraio 2017.

di crescita non c'è spazio per le sostanze psicotrope, che usarle come un tampone per gli sbalzi emotivi che gli adolescenti provano è una falsa soluzione. La trasgressione è spesso un tiro alla fune, un figlio si aspetta che il genitore dall'altra parte lo regga, che ci metta la forza e non rinunci al suo ruolo»[14]. Normale che il figlio cada se il genitore, dall'altra parte, non lo regge, magari anche perché autorizzato dallo Stato a lasciar perdere.

La battaglia contro le droghe non può essere vinta se non è anche una battaglia contro le idee e i miti che esse incarnano nello spirito del tempo. Esattamente ciò che ci ha detto la mamma di Lavagna, sconfitta ma non doma: «Combattere con ogni mezzo la guerra contro la dipendenza». Perché la dipendenza è il contrario della libertà, e invece solo la libertà può fare dei nostri giovani degli uomini e delle donne maturi, padroni di sé, capaci di prendere la vita nelle proprie mani e di goderne appieno.

Eppure, proprio come Antonella, noi ci sentiamo soli a combattere questa guerra «nell'intimità delle nostre famiglie», mentre lì fuori tutti, o quasi, dicono ai nostri figli di non dar retta ai genitori, che tanto non fa niente, non è grave, così fan tutti, e che uno spinello non ha mai ucciso nessuno. Ormai, oltre a essere presentata come una forma di ricreazione innocua, la «canna» è diventata anche qualcosa di più, la proposta di uno stile di vita, una scorciatoia verso il benessere fisico e mentale, una forma di allargamento della coscienza, perfino uno strumento per accrescere la propria creatività. Il problema oggi, più che la tolleranza, è l'esaltazione dello spinello. Tante star dello spettacolo e della musica non si fanno più nessuno scrupolo di decantare le qualità taumaturgiche dello «sballo», e di compiangere chi non lo sperimenta.

Prendiamo il dialogo fra Tommaso Paradiso e Fabri Fibra, due cantanti oggi molto popolari tra gli adolescenti e di grande

[14] Alberto Pellai, medico e psicoterapeuta dell'età evolutiva, *ibid.*

successo, che l'edizione italiana di «Rolling Stones» ha pubblicato a maggio 2017, con una copertina che recava il titolo *Occhio alle canne. Se non fumo: non dormo, non mangio, non cago, non scrivo musica. Fibra si confessa con Tommaso Paradiso.*

PARADISO Siamo tutti un po' drogati, di cose diverse. Mi dici quante canne ti fai al giorno?

FIBRA Me ne sono fatta una un'ora fa in bagno. Per adesso basta.

PARADISO Ma al giorno?

FIBRA Di giorno poche, la notte un casino, una fumeria. Vuoi sapere un numero? Sette. Sette canne a notte.

PARADISO Io bevo solo, ma non mi drogo.

FIBRA Non è vero, ci siamo infibrati fuori dal ristorante.

PARADISO Facciamo chiarezza: tu usi la sativa o l'altra?

FIBRA Non l'ho mai capito. Ci sono l'indica e la sativa, una è rilassante e una ti schizza di più. Però funziona quando l'erba è controllata, quella che arriva qua ce la coltiva l'Isis: è «erba terroristica». Io per dormire fumo il fumo.

PARADISO Il cioccolato…

FIBRA Il marocchino, sì. Per registrare, per scrivere, fumo erba.

PARADISO Siamo su «Rolling Stone», scriviamo tutto! Tanto domani legalizzano.

FIBRA A me non frega un cazzo se legalizzano, tanto la trovo uguale: quando sono andato in California ho trovato erba così studiata per interagire con il tuo organismo che era fin troppo. Io sono abituato a questa che trovo. È pieno di fumo di erba a Milano, solo che è droga del crimine… Soffro di insonnia da morire, se non fumo non dormo, non mangio, non cago, non scrivo, non ascolto la musica. Questa è la mia grossa paura, vivere con questo problema. Basta.

PARADISO Per me è l'alcol, per te è l'erba.

FIBRA Se non ce l'avessi, magari berrei, per poter staccare la spina, togliermi le voci della gente dalla testa: i commenti, le critiche, le foto, gli sguardi. Sono tornato a casa e mi sono fatto sette canne per togliermi quelle facce, per avere pensieri miei…

Difficile immaginare una rappresentazione più sintetica, gergale ma efficace, di cosa voglia veramente dire «farsi» per i giovani. Lo sballo è lì, a portata di mano, e con la legalizzazione lo sarebbe solo di più; allo stesso tempo dà dipendenza («senza non dormo, non mangio» ecc.); è il segno di una fuga dalla realtà: si fuma per difendersene, per dimenticarla, per ignorarla, per «staccare la spina»; il bisogno nasce da paure e insicurezze, ma non le risolve; al contrario, le amplifica, le cronicizza, costruisce un circolo vizioso in cui canne e vodka servono ad anestetizzare il dolore accettandolo e subendolo, senza più la forza e l'energia per liberarsene.

Ma, soprattutto, è di moda. Perché lo fanno i grandi, lo fanno i più intrepidi e sperimentatori a scuola, lo fanno i divi e ti invitano a farlo come stimolo alla libertà e alla creatività.

Ecco perché noi genitori siamo così soli sul fronte della droga. Ed ecco anche perché dobbiamo resistere, resistere, resistere. Documentandomi su questi temi ho letto che una preside di Roma, Elisabetta Giustini, ha fondato una rete di docenti e genitori che propongono il loro messaggio antidroghe sul web, anche quello cosiddetto «profondo» e più pericoloso, e si è addirittura inventata un'app: *Giù le mani dai nostri figli*[15]. Confesso che è stato allora che ha cominciato a frullarmi in testa il titolo di questo libro. E la dedica ad Antonella, la madre di Lavagna, che ha tragicamente perso la sua guerra perché noi non ci arrendessimo.

[15] Cfr. Claudia Voltattorni, *Droga a scuola, si comincia a 14 anni: «È la prima piazza dello spaccio»*, in «Corriere della Sera», 18 febbraio 2017, www.corriere.it/cronache/17_febbraio_18/droga-scuola-si-comincia-14-anni-prima-piazza-spaccio-ce0193dc-f5a5-11e6-a891-35892eecc6d0.shtml.

Il complesso di Ulisse

I genitori sono soli. Non sanno come gestire il rapporto educativo con i figli. Ma se chiedono aiuto, le cose possono anche peggiorare, per esempio se si rivolgono a uno psicologo.

«Noi pensiamo, per esperienza diretta, che gli psicologi oggi siano complici». Così mi hanno scritto un padre e una madre della provincia pugliese, genitori di un ragazzo di diciannove anni, raccontandomi la loro storia: «Abbiamo avuto difficoltà con nostro figlio a partire dalla scuola media, tanto da esserci rivolti a uno psicologo noto, che scrive libri, insegna in una scuola superiore, quindi dovrebbe conoscere bene quella fascia di età, collabora con il tribunale. Questa persona ci ha rovinati. Ci ha distrutti, rendendoci incapaci di imporci perché ci ripeteva che così lo facevamo diventare imbranato. Ci faceva dire sempre sì a tutte le sue richieste, perché nostro figlio gli era simpatico e noi eravamo il problema. Tanto che quando a nostro figlio non piaceva qualcosa che noi gli dicevamo, lui subito voleva fissare l'appuntamento con lo psicologo per far valere le sue ragioni. Il risultato? Pessimo andamento scolastico, cambio di istituto, e nella nuova scuola mio figlio si è adeguato all'ambiente studiando ancor meno in cambio di un 6 garantito, paghetta mensile consumata in un giorno tra distributori automatici e sigarette, linguaggio scurrile e violento, pugno all'armadio di fronte a un no alla richiesta di altri soldi. Ma non è stata l'unica esperienza di questo tipo. Mia sorella, insegnante di scuola elementare, portò mio figlio da una psicologa che a scuola faceva i test attitudinali: anche lei gli disse "che zia rompiscatole che hai". Le cose sono cominciate a cambiare quando abbiamo deciso di fare di testa nostra, tornando ai metodi dei nostri nonni, metterci contro tutti, chiudendoci in noi stessi perché in questa lotta siamo soli ma il lavoro da fare è ancora tanto...».

Una testimonianza certamente emblematica per capire – come si esprime in una lettera un altro padre – «lo smarrimento di chi si sforza di mantenere il timone in una direzione e tutto intorno a noi ci spinge o ci tira in un'altra direzione», la fatica e la frustrazione di «difendere le nostre scelte spesso contro tutto e tutti».

Di fronte a storie come questa – più frequenti di quanto non si pensi – la domanda che si impone è: perché mai oggi quando i genitori cercano aiuto si rivolgono a uno psicologo? Perché non agli altri figli, ai parenti, o agli amici, a un professore, al sacerdote della parrocchia, all'allenatore della squadra di calcio, come sarebbe accaduto fino a qualche decennio fa? Perché un figlio per così dire «difficile» viene sempre più spesso affidato alle cure di un medico, di un terapeuta, di un esperto in turbe mentali, per quanto ignaro del contesto familiare, del ragazzo e della sua storia?

La prima spiegazione risiede nel gigantesco complesso di colpa che la cultura del nostro tempo ha addensato sui genitori. È forse questa la forma più subdola di alienazione della famiglia dal processo educativo. Alla base c'è l'idea che per garantire serenità ed equilibrio ai figli il compito dei genitori sia essenzialmente quello di proteggerli da una società in cui sono continuamente in agguato ansie, delusioni, abbandoni, traumi, abusi, maltrattamenti, inquinamenti, guerre, invasioni di alieni e chi più ne ha più ne metta. Di conseguenza, al primo sintomo che qualcosa in casa non va, i genitori sono indotti a pensare di non aver fatto abbastanza per tenere il figlio al riparo da una possibile minaccia. Nessuno più dello psicologo o dello psicoanalista può assolvere la funzione di liberarli da questo complesso di colpa, perché non ha difficoltà a trovare nella sua valigetta degli attrezzi un qualche trauma che abbia provocato il disagio del minore, sollevando così i genitori dalla loro responsabilità. Questo processo di «vittimizzazione dei figli» è possibile – come scrive Stefano Benzoni, neuropsichiatra infantile e psicoterapeuta – perché la società contemporanea ha costruito l'immagine pubblica dei bambini come quella di vittime ideali: «Tale rappresentazione nasce dal mito romantico della loro fragilità e purezza, e va a braccetto con l'idea che, in quanto creature pure e innocenti, i bambini siano anche estremamente vulnerabili. [...] Accettiamo che i nostri figli siano rappresentati proprio così: inermi e indifesi, magari già scossi, strattonati e pesti a causa di accidenti fortuiti (meglio se attribuibili a qualche deviato, a qualche matto, a qualche straniero). Un racconto pubblico indifferente alla realtà del miglioramento diffuso della qualità della vita dei figli – dall'istruzione alla nutrizione, dalle opportunità di socializzazione a quelle di accesso alle cure mediche e a una rete di supporti socio-sanitari che un secolo fa sarebbero stati impensabili»[1].

Non è da escludere che proprio l'esistenza di questa «rete di supporti socio-sanitari» abbia contribuito alla diffusione del ricorso allo psicologo pagato dalla mutua, anche se il bambino si mangia le unghie o è semplicemente taciturno, come se ci fosse un modello socialmente convalidato di comportamento «normale» all'infuori del quale si deve essere curati.

O forse il recente successo degli psicoterapeuti dipende dalle sempre più frequenti cause intentate alle assicurazioni, che ri-

[1] Stefano Benzoni, *Figli fragili*, Roma-Bari, Laterza, 2017, pp. 45-47.

chiedono sempre nuovi disturbi da stress o da trauma e molte relazioni mediche per certificarli. In ogni caso questo sofisticato processo culturale spiega molto bene perché oggi siamo indotti a pensare «che ogni disagio sia una vera e propria malattia, verosimilmente causata da un'esperienza traumatica»[2], e necessiti quindi dell'intervento di uno psicologo che sottragga ai genitori la guida del rapporto educativo.

Naturalmente non tutti gli psicologi combinano gli sfaceli documentati nella lettera dei coniugi pugliesi. Spesso, soprattutto quando si affiancano e non si sostituiscono ai genitori, possono essere d'aiuto. E tanti di loro appaiono perfettamente consapevoli dei guasti profondi che l'eccessiva medicalizzazione dei problemi dei giovani sta provocando. È nota, per esempio, la polemica sul *Manuale diagnostico e statistico dei disturbi mentali* (Dsm) redatto dall'Associazione psichiatrica americana, vera e propria bibbia della materia, che nel tempo ha aggiunto sempre nuove sindromi, spesso dando l'impressione di rispondere più alle novità del mercato degli psicofarmaci e alle spinte culturali del momento che a criteri oggettivi (tra l'altro difficilmente applicabili in materia di disagi mentali, specie infantili, la cui identificazione è molto spesso frutto di un'autodescrizione dei sintomi). Oggi l'Organizzazione mondiale della sanità dichiara che addirittura un bambino su cinque soffre di problemi psichiatrici in età evolutiva. E questo «senza contare il ritardo mentale, l'autismo e i disturbi neurologici»[3]. Condizioni comuni in un bambino, e spesso passeggere, che un tempo non avrebbero provocato allarme, come ansia o irrequietezza, vengono ora trasformate con disinvoltura in sindromi vere e proprie, come il Ddai, Disturbo da deficit di attenzione e iperattività, e il Dpts, Disturbo post-traumatico da stress, diagnosi quest'ultima che al giorno d'oggi, come scrive sar-

[2] *Ibid.*, p. 41.
[3] *Ibid.*, p. 5.

casticamente Benzoni, «non si nega a nessuno»[4]. Nell'era in cui tutto è sindrome, ha fatto notare lo psicoanalista Umberto Silva, «la parola "nervoso" è quasi scomparsa, vanno di moda aggettivi più alla mano come irrequieto, teso, irritabile, suscettibile, collerico, nevrastenico, isterico e, naturalmente, stressato»[5]. (Anch'io ero un bambino «nervoso», ma i miei non mi portavano dallo psicologo bensì in campagna, fedeli alla convinzione che «l'aria di mare innervosisce»).

Ma il cambiamento in atto è ben più profondo. I medici della psiche, nuove star del disagio giovanile, sempre presenti in talk show, tribunali, convegni, audizioni parlamentari, stanno cambiando il modo stesso in cui la contemporaneità legge il tema dei rapporti tra padri e figli. La loro visione del mondo è infatti diventata egemonica nel discorso pubblico, il loro vocabolario ha prevalso nella descrizione dei problemi del conflitto generazionale, e sono le metafore da loro inventate a orientare il dibattito sui media. Si può dire che oggi una delle questioni più complesse della storia dell'umanità, l'educazione dei giovani, oggetto nei secoli di riflessione sotto varie forme – dal racconto mitologico alla filosofia, dalla religione all'etica – si sia trasformata in una mera questione psicologica, con una riduzione culturale grave perché pone al centro la psiche, l'individuo e il suo benessere, per spiegare fenomeni che invece hanno a che fare con la storia, con il pensiero e con la morale. E dunque spinge inevitabilmente a banalizzare, a cercare risposte troppo semplici, o troppo astruse, il che è lo stesso.

Il vero campione italiano di questa nouvelle vague è Massimo Recalcati, apprezzato psicoanalista ma soprattutto autore di una fortunata serie di libri che hanno fissato un vero e proprio para-

[4] *Ibid.*, p. 35.

[5] Umberto Silva, *Obama l'Imperatore. Si siede sul mio lettino, la sua voce è bassa, la sua eleganza senza tempo. Ma ha perso*, in «il Foglio», 24 maggio 2017, www.ilfoglio.it/la-politica-sul-lettino/2017/05/24/news/obama-l-imperatore-136061/.

digma, un canone, una Weltanschauung del rapporto tra genitori e figli: forse più utile a traslare archetipi psicologici sulla società e sulla politica che a fare terapia.

Recalcati ha senza dubbio molti meriti. Il primo dei quali è aver rilanciato il tema del padre assente, di una figura cioè evaporata, in fuga dalla sua responsabilità educativa, sempre più affetta da giovanilismo[6]. Il secondo merito, che viene di conseguenza, è aver criticato la moda contemporanea che vorrebbe annullare la differenza tra le generazioni, sostituendola con rapporti amicali, quasi fraterni, tra padri e figli, basati sull'imperativo del dialogo e dell'empatia, picconando così quel che resta dell'autorevolezza morale della figura paterna. Recalcati sottolinea come, per raggiungere la maturità, i nostri figli abbiano bisogno «di trovare nei propri genitori degli ostacoli»; e denuncia che siano invece costretti a vivere «il dramma del vuoto della Legge»[7]. Parole sante. Tuttavia si tratta di un discorso che resta chiuso all'interno del rapporto a due tra padre e figlio, e tiene troppo sullo sfondo la società, la cultura e il tempo in cui quel padre e quel figlio vivono. Così è anche per la più celebre delle metafore di Recalcati, quella di Telemaco che va in cerca di Ulisse. Prima di essere un padre assente, però, Odisseo è colui che dice a Dante: «Considerate la vostra semenza / fatti non foste a viver come bruti / ma per seguir virtute e canoscenza». Per quale motivo, infatti, l'eroe omerico non è a Itaca a occuparsi della famiglia? Perché ha il vizio del gioco, per correre dietro alle donne, per smania di far carriera, per bramosia di denaro, come potrebbe essere in una famiglia contemporanea? O perché è andato in guerra per la sua patria, ha sete di sapere, è il viaggiatore che spezza le catene del mondo

[6] Cfr. Massimo Recalcati, *Il complesso di Telemaco. Genitori e figli dopo il tramonto del padre*, Milano, Feltrinelli, 2013; Gustavo Pietropolli Charmet, *Cosa farò da grande? Il futuro come lo vedono i nostri figli*, Roma-Bari, Laterza, 2012; Antonio Polito, *Contro i papà. Come noi italiani abbiamo rovinato i nostri figli*, Milano, Rizzoli, 2012.

[7] Massimo Recalcati, *Il segreto del figlio. Da Edipo al figlio ritrovato*, Milano, Feltrinelli, 2017.

antico e apre una nuova era, il precursore della civiltà occidentale? La verità è che la dimensione psicologica non può assorbire ed esaurire le scelte degli uomini. Oltre che una psiche abbiamo un'anima e un destino. E del resto, anche la nostra psiche è figlia del tempo in cui viviamo e della cultura in cui siamo immersi. E dunque può portarci fuori strada, come in un gioco di specchi, la riduzione al dato psicologico del rapporto genitori-figli.

Non stupisce che il discorso di Recalcati sia diventato così popolare anche al di fuori dall'ambito educativo, finendo per essere sfruttato perfino politicamente. All'esordio della sua parabola, nel luglio 2014, l'allora presidente del Consiglio Matteo Renzi presentò così al Parlamento europeo le linee guida del semestre presieduto dall'Italia: «Qui non c'è un'Italia che chiede scorciatoie, c'è una generazione nuova, una generazione Telemaco. La nostra generazione ha il dovere di riscoprirsi Telemaco, ha il dovere di meritare l'eredità»[8]. Per come si è comportato in seguito, per il modo in cui si è impadronito dell'eredità politica che pensava gli spettasse, più che a Telemaco pare che Renzi si sia infine ispirato a Edipo; più che mettersi alla ricerca del padre sembra aver ucciso tutti quelli di cui disponeva, accecandosi politicamente fino alla pesante sconfitta al referendum sulla riforma costituzionale. Nel frattempo, però, Recalcati da psicoanalista si è trasformato in guru, ed è diventato direttore della scuola di formazione del Pd.

Al centro di questa visione, o deformazione, psicologica del problema educativo, c'è l'ossessiva ricerca di un solo obiettivo, seducente quanto irraggiungibile: la felicità individuale. In fin dei conti a che cosa serve un terapeuta per i nostri figli? A farli stare bene, a farli sentire felici. Ma ancora una volta è la cultura del tempo a stabilire che cosa s'intenda per felicità. Nell'ansia di

[8] *Matteo Renzi parla della generazione Telemaco: lo psicoanalista Massimo Recalcati ci spiega cos'è in un suo libro*, L'Huffington Post, 2 luglio 2014, www.huffingtonpost.it/2014/07/02/matteo-renzi-cita-generazione-telemaco_n_5551227.html.

garantire loro protezione da qualsiasi forma di sofferenza o frustrazione, finiamo con l'essere noi adulti a non tollerare il dolore, la rabbia o la noia dei nostri figli[9]. Ci siamo convinti che la felicità sia eliminazione del dolore. E così chiamiamo lo psicologo.

Sono invece fuori dall'orizzonte culturale della nostra epoca, e dunque dalle preoccupazioni di noi genitori, altre richieste, altre esigenze dei nostri ragazzi, non meno vive dentro di loro, anzi probabilmente molto più profonde e urgenti, e forse vere cause di dolore e noia esistenziale. Per esempio la grande domanda di senso, il bisogno di dare un significato e una direzione alla propria vita, alle relazioni, agli affetti, compresi quelli familiari. Sono temi tabù sui giornali, dove si intervistano gli psicologi. Sono invece al centro dell'esistenza dei giovani. Finiamo così per stupirci di fronte a un'adunata oceanica di ragazzi andati ad ascoltare papa Francesco. Oppure a interrogarci sospettosi sul successo dei movimenti cristiani carismatici, che riempiono la vita di migliaia di giovani della cui felicità non possiamo dire, ma il cui impegno, la cui allegria, la cui speranza ci stupiscono ogni volta che li vediamo.

Per la stessa incapacità di comprendere restiamo sbalorditi davanti all'opposto, e cioè al fatto sconvolgente che così tanti giovani, nelle periferie delle nostre città europee, finiscano per cercare un senso alla vita in una lettura della loro religione radicale, spesso fanatica, talvolta assassina e suicida. Dovunque essa sia, ed è ovunque tra i giovani del mondo, l'ansia del trascendente ci coglie di sorpresa, fuoriesce dai nostri schemi: è un fenomeno troppo grande da far stare dentro la vulgata «psichica» della ricerca della felicità[10]. Sono tensioni che la nostra cultura

[9] Cfr. Gustavo Pietropolli Charmet, Laura Turuani, *Narciso innamorato. La fine dell'amore romantico nelle relazioni tra adolescenti*, Milano, Bur, 2015.

[10] Può succedere persino che questo bisogno antico prenda a sua volta strade postmoderne, come nel caso del recente successo negli Usa delle cosiddette *hipster church*, «chiese alternative che un esercito di hipster Christian popola di oggetti, immagini e slogan», e che promettono ai giovani di poter essere «cool e cristiani allo stesso tempo, mescolando

non capisce più, ma non per questo meno esplosive nel cuore dei giovani.

Qualche tempo fa accadde a Milano un episodio che mi ha molto colpito. Dopo l'ennesimo attentato islamista nel cuore dell'Europa, alcuni giornalisti del «Corriere» si recarono su invito nelle scuole per parlare ai giovani di Islam e di terrorismo. Durante uno di questi incontri un gruppo di studenti musulmani, immigrati di seconda generazione scolarizzati in Italia, contestò l'iniziativa sulla base del principio che di Islam potevano parlare solo gli islamici. L'aspetto sorprendente, e preoccupante, fu che dal dialogo restarono completamente esclusi, silenti, i ragazzi figli di italiani: digiuni di questioni religiose, non erano in grado di prendere parte a un dibattito sulla fede, materia sulla quale non avevano evidentemente mai riflettuto. Di fronte all'affermazione di un forte convincimento religioso semplicemente arretrarono e si astennero. Ma come si può costruire un dialogo tra le culture quando una delle due parti, la nostra, ha rinunciato ad averne una? E, soprattutto, come possono i giovani capire se stessi e il mondo in cui vivono se la cultura di cui sono figli ha espunto il tema della fede dal loro orizzonte?

Mi domando perché abbiamo espulso i preti, i moralisti, i filosofi e perfino gli educatori stessi dal dibattito pubblico sull'educazione. Eppure «l'unica difesa per i giovani», ha riconosciuto una terapeuta, Marina Valcaregni, «è avere una struttura morale, elaborata dalla nostra società collettiva ma trasmessa individualmente per via soprattutto familiare. Se manca questa morale che copre il rispetto della vita e del vivere insieme, il rispetto di alcuni valori fondamentali come la verità, la giustizia, l'onestà, tutto diventa permesso»[11]. Questo è il punto: contribuire alla

versetti della Bibbia con i testi del rapper Coolio, populismo e storie di rinascita…»; Costanza Rizzacasa d'Orsogna, *Il caso di Carl Lentz. Slogan twittabili e il battesimo di Juntin Bibier*, in «Corriere della Sera. laLettura», 8 aprile 2017.

[11] Paolo Di Stefano, *La morale, una bella cosa. Condividerla è possibile*, in «Corriere

costruzione nei nostri figli di un discernimento morale, che consenta loro di distinguere con facilità la verità dall'errore, la buona fede dalla malafede, la trasparenza dall'inganno. Non a caso san Paolo inserisce il «discernimento degli spiriti» nell'elenco dei carismi donati dallo Spirito santo[12]. Ed è difficile immaginare come si possa ricostruire una struttura morale nelle nostre società moderne senza l'apporto della tradizione cristiana o, più in generale, del bisogno di credere in qualcosa, al quale i giovani anelano. A spiegare efficacemente questa pericolosa frattura è un teologo, Vito Mancuso: «Tutta la parabola della modernità occidentale è stata vissuta all'insegna dell'uscita dalla condizione di figlio su cui il cristianesimo aveva strutturato fino ad allora la coscienza occidentale. Dio come Padre e la Madonna come Madre, con tutta la storia dell'arte a testimone. Si pensi, di contro, alle celebri parole con cui Kant apre lo scritto sull'Illuminismo del 1784: "L'illuminismo è l'uscita dell'uomo dallo stato di minore età". Ovvero l'uscita dalla condizione di figlio. L'Occidente non ha più voluto concepire la propria identità all'insegna dell'essere figlio, e così la sua maggiore età ha coinciso logicamente con l'abbandono del padre. Sto parlando della morte di Dio, proclamata prima sommessamente da Hegel con il saggio *Fede e sapere* del 1802, poi trionfalmente da Nietzsche con *La gaia scienza* del 1882. Il non voler più essere figli ha significato necessariamente la morte di Dio. E la morte di Dio all'interno di una civiltà non è una cosa da poco e non passa senza conseguenze anche per le minute esistenze dei singoli»[13].

Altro che manuali di self-help infarciti di psicologismi. Altro

della Sera. La 27esima ora», 18 gennaio 2017, http://27esimaora.corriere.it/17_gennaio_18/mestiere-genitori-morale-bella-cosa-condividerla-possibile-075c1492-ddb7-11e6-bc4e-e834b97e9c52.shtml.

[12] 1 Corinzi 12:8-11.

[13] Vito Mancuso, *Quei padri troppo ansiosi di essere amici dei figli*, in «la Repubblica», 30 marzo 2017, http://ricerca.repubblica.it/repubblica/archivio/repubblica/2017/03/30/quei-padri-troppo-ansiosi-di-essere-amici-dei-figli33.html.

che sindromi da stress e ricerche del trauma. Il trauma primordiale è nella nostra cultura occidentale. Questa è l'enorme tensione che si è accumulata sul rapporto tra genitori e figli fin dalla nascita della modernità, e che la postmodernità, con la sua rivoluzione tecnologica, sta mettendo a nudo a una velocità mai conosciuta prima.

«Nell'uomo», ha scritto Joseph Ratzinger, «vi è un'inestinguibile aspirazione nostalgica verso l'infinito»[14]. E nei giovani c'è al suo massimo grado, senza mediazioni, senza compromessi. È una ricerca che non può essere ignorata o peggio frustrata senza conseguenze, quanto meno sul piano morale.

Gli psicologi cercano l'errore dei genitori, dove hanno sbagliato. Ma l'errore fondamentale è che «si è ignorato l'umano che è in loro come in noi, quella sfida dell'io che Leopardi celebra in modo insuperabile e che si sintetizza in un insopprimibile desiderio di infinito: Natura umana, or come, / Se frale in tutto e vile, / Se polve ed ombra sei, tant'alto senti?»[15].

Gli psicologi cercano il punto dolente della psiche di un ragazzo, sperando di poter curare quel dolore o almeno anestetizzarlo. Ma il vero educatore – primo fra tutti il genitore – deve toccarne il cuore, lì dove arde una personalità in formazione che ha sete di verità.

Vi pare che uno psicologo possa fare tutto questo?

[14] Joseph Ratzinger, *Fede, Verità, Tolleranza. Il cristianesimo e le religioni del mondo*, trad. it. di G. Colombi, Siena, Cantagalli, 2003.

[15] Julián Carrón, *La bellezza disarmata*, Milano, Rizzoli, 2015, p. 232.

Neanche un prete per chiacchierar

Ma i preti, dove sono finiti? A parte i pedofili e gli incontinenti, che in realtà sono molti meno di quanto lasci credere l'ossessione dei media per il binomio sesso-tonaca, sembrano scomparsi dal racconto dell'Italia di oggi. Soprattutto, pare essere andata in crisi la loro funzione educativa, per decenni patrimonio prezioso per le famiglie italiane, risorsa di cura e di istruzione non sempre disponibile altrove. Perfino i salesiani appaiono in difficoltà.

Non sembrano esserci più gli oratori nel romanzo di formazione dei ragazzi italiani (salvo poi, complice la crisi economica e l'avanzare della povertà minorile, riscoprirli come forma di welfare gratuito, affidandogli nel periodo estivo i bambini che non possiamo più portare al mare: la scorsa estate le parrocchie ne hanno ospitati due milioni[1]). E niente più sacerdoti nelle biografie dei giovani di oggi, «neanche un prete per chiacchierar», si potrebbe dire citando *Azzurro*, la celebre canzone di Paolo Conte. Sembra che non vivano più sulla frontiera, lì dove i nostri figli

[1] Cfr. Enrico Lenzi, *Oratori estivi, la carica di 2 milioni di bambini*, in «Avvenire», 15 giugno 2016, www.avvenire.it/attualita/pagine/la-carica-di-due-milioni-di-bambini-oratorio-estivo-casa-aperta-a-tutti-.

smarriscono la strada, che non possiamo fare più affidamento sul loro aiuto. Perché?

Innanzitutto sono sempre meno. Un lento stillicidio delle vocazioni ne riduce il numero anno dopo anno: in un secolo si sono dimezzati, con l'aggravante che all'inizio del Novecento le anime da curare erano trentatré milioni, e oggi sono quasi il doppio. In Italia sono rimasti circa trentamila sacerdoti diocesani, e se si considera che le parrocchie sono venticinquemila si capisce che c'è poco più di un prete per parrocchia, anziani compresi (uno su otto ha ottant'anni e più). Le previsioni per il futuro non sono rosee[2]. E non solo nell'Italia che non c'è più, quella delle famiglie numerose che spedivano almeno un figlio in seminario. Le vocazioni stanno diminuendo in tutta Europa[3] e senza rimpiazzi sufficienti i preti invecchiano: «Hanno ora un'età media di sessant'anni, un'anzianità di servizio di 33 anni, e la metà è stata ordinata prima del 1967 e delle riforme del Vaticano»[4].

È un fenomeno certo legato a demografia e cambiamenti sociali – un giovane sacerdote guadagna oggi poco più di 850 euro per un duro lavoro full time –, ma va di pari passo con i segni evidenti di secolarizzazione della nostra società; più recenti in Italia che altrove, perché qui da noi la tradizione cattolica ha resistito più a lungo, ma inequivocabili. Basti pensare che i matrimoni sono diminuiti in vent'anni di centomila unità, mentre i divorzi sono raddoppiati[5], e che nel 1994 i figli nati fuori del matrimonio erano appena il 7,7% del totale, mentre oggi sono quasi il 29%.

[2] «Secondo una ricerca del 2008, commissionata dalla Cei al sociologo Luca Diotallevi, è praticamente certo che entro il 2023 ci sarà un quarto di preti in meno, e in certe regioni anche un terzo»; Gian Guido Vecchi, *Sacerdoti, pochi e anziani*, in «Corriere della Sera», 18 maggio 2008, www.corriere.it/cronache/08_maggio_18/focus_sacerdoti_pochi_anziani_45f81a92-24ad-11dd-80ae-00144f486ba6.shtml.

[3] Dal 2010 al 2015 il numero dei seminaristi è sceso del 9,7%. Fonte: Annuario Pontificio 2017, a cura dell'Ufficio Statistica della Segreteria di Stato.

[4] Vecchi, *Sacerdoti, pochi e anziani*, cit.

[5] Il numero dei matrimoni è sceso dai 292 mila del 1994 ai 189 mila del 2014. Fonte: Fondazione Critica Liberale, XI Rapporto sulla secolarizzazione in Italia.

La percentuale di battezzati è passata in vent'anni dalla quasi totalità della popolazione (92%) al 76%.

Tutti gli indicatori fanno ritenere che intorno al 1980 si sia determinato in Italia un vero e proprio salto verso la secolarizzazione dei giovani, un distacco netto dalla religione dei padri: «È tra i nati dopo quella data che la disaffezione verso la Chiesa diventa un comportamento di massa. Sono costoro che, affacciatisi da poco nel loro segmento superiore all'età adulta e alle prese con le prime grandi scelte esistenziali, si sposano sempre meno, convivono sempre di più, fanno figli fuori dal matrimonio e li battezzano di meno»[6].

La Chiesa è dunque alle prese con lo stesso problema della famiglia: non riesce a trasmettere i propri valori alle generazioni più giovani. E le due crisi si intrecciano e si influenzano a vicenda. Come la famiglia, la Chiesa sta infatti subendo la formidabile sfida della modernità, con la quale ha dovuto combattere una guerra culturale senza precedenti, in buona misura persa.

È una grande e drammatica novità nella storia dell'Europa. Per lungo tempo, in questa parte del mondo, «umano» e «cristiano» sono stati sinonimi. Si diceva «un cristiano» per dire «un uomo». Senza il cristianesimo, la cultura europea non sarebbe stata ciò che è. Non è per caso che concetti come democrazia, capitalismo, laicità dello Stato siano nati e si siano affermati nel nostro continente. È la ragione per cui un pensatore laico come Benedetto Croce sosteneva che «non possiamo non dirci cristiani».

I semi di quelli che oggi riteniamo essere i capisaldi della civiltà occidentale sono nel Vangelo, e non è affatto certo che la ragione ci sarebbe arrivata comunque. Altrove non è accaduto. Consapevole di questa eredità, l'Illuminismo ha tentato di liberare dal fanatismo delle guerre di religione i valori distillati dal cri-

[6] Marco Marzano, *Non moriremo cattolici: la religione è finita nel 1980*, in «Il Fatto Quotidiano», 3 luglio 2017, www.ilfattoquotidiano.it/premium/articoli/non-moriremo-cattolici-la-religione-e-finita-nel-1980/.

stianesimo, separandoli dalla fede per farli vivere di vita propria. Non ci serve più la sorgente, pensava Kant, perché ora ci basta la ragione. È stata un'operazione culturale di portata storica, e densa di successi: la scienza moderna e la libertà della ricerca ne hanno tratto eccezionale giovamento. Però oggi, al culmine della modernità, è forse arrivato il momento di riconoscere anche ciò che è andato storto. Se il cristianesimo ha posto le condizioni per l'umanesimo, bisogna ammettere che la società occidentale scristianizzata non sembra più in grado di conservarlo con la sola forza della ragione.

Dalla disuguaglianza al disprezzo della vita, all'odio religioso ed etnico, dallo sfruttamento selvaggio dell'ambiente a quello delle donne e dei bambini, fino alla solitudine e alla disperazione individuali, tutti i grandi problemi della contemporaneità richiamano il tema della condizione umana e reclamano l'approccio di un umanesimo cristiano, di una predicazione cioè che fin dalla sua origine mette al centro l'uomo, essendo il cristianesimo l'unica religione in cui sia venuto in mente a Dio di farsi uomo, di soffrire e morire da uomo, e poi di risorgere per annunciare la resurrezione di tutti gli uomini.

«Pretendere di trasmettere oggi i valori dell'umanesimo cristiano, anche nelle famiglie, è impossibile se essi sono separati dalla loro origine, dal Cristo in cui si sono incarnati; parole come spirito, libertà, verità, fraternità, sono diventate irreali, idoli troppo pallidi per resistere da soli alla sfida della modernità, rispetto agli idoli in carne ed ossa che attraggono i nostri giovani», dice padre Julián Carrón, successore di don Giussani alla guida della fraternità di Comunione e liberazione, da sempre molto attenta al tema dell'emergenza educativa[7]. «Guardiamo all'esperienza del laicismo francese, forse il luogo dove più che altrove quei valori

[7] Le dichiarazioni qui riportate sono frutto di un colloquio dell'autore con Julián Carrón.

sono stati estratti dal cristianesimo e portati a fondamento di una religione civile. E guardiamo al risultato: si vede che è un mondo senza Dio, e se non c'è Dio a riempire quel vuoto, qualcun altro lo riempie. Accade perfino nell'Islam, anche lì la trasmissione ai giovani della fede dei padri è diventata un problema. I ragazzi di molte famiglie musulmane in Europa crescono senza fede, ma poi finiscono per cercarne una, e talvolta pensano di trovarla nel delirio dell'Isis. Come afferma il sociologo Olivier Roy, non è una radicalizzazione dell'Islam, quella cui stiamo assistendo, ma un'islamizzazione del radicalismo»[8].

La Chiesa stessa appare in ritirata, impaurita davanti al mondo. Combatte qui e là scaramucce di retroguardia nel tentativo di contrastare l'avanzata di una modernità che ha spazzato via la sua morale. Si sente travolta da quella che le appare come una catastrofe antropologica, la scomparsa della legge naturale: «Con le leggi che non rispettano la sacralità della vita, della famiglia, del matrimonio, delle persone con un handicap, così come la legalizzazione dell'aborto, dell'eutanasia, delle unioni omosessuali, l'Occidente europeo sta marciando verso una generale eutanasia dei suoi valori fondanti che hanno per secoli illuminato il cammino dei popoli», ha tuonato Robert Sarah, uno dei più giovani tra i cardinali[9].

La sconfitta più bruciante è avvenuta su un terreno decisivo nella formazione dei giovani: la morale sessuale. Eventi come l'invenzione e la commercializzazione della pillola anticoncezionale hanno spezzato per sempre il rapporto tra sesso e procreazione, e di conseguenza hanno cambiato irreversibilmente l'idea stessa della libertà sessuale e della divisione tra sessi. Le conseguenze

[8] Stefano Pasta, *Olivier Roy. «Daesh, il fascino della violenza»*, in «Avvenire», 14 febbraio 2017, www.avvenire.it/agora/pagine/daesh.

[9] Matteo Matzuzzi, *«L'occidente verso l'eutanasia dei suoi valori». Intervista al card. Sarah*, in «Il Foglio», 11 luglio 2017, www.ilfoglio.it/chiesa/2017/07/11/news/chiesa-occidente-papa-francesco-parla-il-card-sarah-143867/.

sono state infinite, non solo per gli atei e i miscredenti, ma tra i cattolici stessi. Oggi il matrimonio omosessuale, in una forma o nell'altra, è accettato praticamente ovunque in Occidente. La teoria del *gender* ha affermato, con sempre maggiore successo, che i ruoli maschili e femminili non sono scritti nella biologia ma dipendono da differenze sociali e culturali, e che quindi ci si può scegliere il proprio genere, anche più volte nella vita. L'ambiguità sessuale si arricchisce di definizioni sempre nuove, *gender fluid*, *genderless*, *gender neutral*. La Cassazione ha di recente stabilito che per cambiare sesso ufficialmente non c'è neanche bisogno di un intervento chirurgico, basta un percorso psicologico[10]. Nel Regno Unito si discute una proposta di riforma per consentire di scegliere liberamente il sesso in cui ci si identifica all'anagrafe, senza passare da un medico. A New York, se non ci si riconosce nel genere maschile né in quello femminile è possibile indicarlo sulla patente: sul documento comparirà una X, al posto dell'alternativa M/F. Amministrazioni pubbliche un po' in tutt'Italia tentano goffamente di acconciarsi allo spirito del tempo approntando moduli per nuove famiglie composte da «genitore 1» e «genitore 2».

Di fronte a cambiamenti di una tale portata, è inutile pensare di poter ancora vietare o imporre qualcosa in nome della morale cattolica. Il filosofo scozzese Alasdair MacIntyre ha scritto che da quando l'Illuminismo ha dato agli individui il potere di decidere da sé che cosa è bene e che cosa è male, è solo possibile dire che cosa è bene per me, non più che cosa è bene in sé[11]. Il che rende molto difficile imporre regole morali nello spazio pubblico della legislazione. Il meglio che si possa fare è mettersi d'accordo sul

[10] Corte di Cassazione, Sez. I civile, sentenza 20 luglio 2015, n. 15138. Cfr. Elena Tebano, *«Sì al cambiamento di sesso senza intervento chirurgico»*, in «Corriere della Sera. La 27esima ora», 21 luglio 2015, http://27esimaora.corriere.it/articolo/si-al-cambiamento-di-sesso-senza-intervento-chirurgico/.

[11] Alasdair MacIntyre, *After Virtue: A Study in Moral Theory*, Notre Dame, University of Notre Dame Press, 1981.

disaccordo. E infatti presto bisognerà chiedere alla cultura laica, piuttosto che alla Chiesa, di rispettare il pluralismo delle minoranze che si ispirano a ideali diversi; come già avviene quando la legge prevede l'obiezione di coscienza per chi non voglia praticare un aborto, e in futuro potrà avvenire per chi si rifiuti di partecipare a pratiche mediche di eutanasia.

Il problema della Chiesa nei confronti delle nuove generazioni non si può dunque risolvere restaurando una disciplina. Anzi, se la fede diventa solo un'etica, e non un percorso di conoscenza, allora la partita è persa fin dall'inizio. Conoscenza e morale sono entrate in conflitto, e finora le risposte della Chiesa, agitata fin dal Concilio Vaticano II da questo dibattito alla ricerca di una nuova via, sono state di due tipi.

La risposta che potremmo definire «di sinistra» è: se conoscenza e morale confliggono, allora abbassiamo l'asticella della morale, tolleriamo di più, pur di salvare la fede.

La risposta della cosiddetta «destra» propone invece: alziamo ancora l'asticella della morale e diventiamo più intransigenti, identifichiamo valori non negoziabili per i quali combattere in prima persona nella sfera pubblica, pur di restaurare la verità.

Entrambe le risposte non sembrano aver dato soluzione al problema. La prima è solo un ulteriore e gratuito cedimento allo spirito del tempo, un farisaico travestimento. La seconda rischia di trasformare la religione in un *instrumentum regni* e di allontanarla così ancor di più dai giovani ai quali si vorrebbe rivolgere.

«Quello che dobbiamo fare», dice Carrón, «è invece alzare l'asticella della conoscenza e sfidare la ragione sul terreno della verità. Dobbiamo fare in modo che si torni a capire che cosa è il cristianesimo, che cosa è l'uomo, che cosa è la libertà. È proprio adesso che serviamo. Di fronte allo smarrimento del nostro tempo è spesso la stessa cultura laica che ci chiede di uscire dall'armadio, di aiutarla con la luce della nostra fede. Altro che ritirarsi, come suggerisce "l'opzione Benedetto": la risposta non è il fondamentalismo religioso, ma una potenza disarmata, la ripresa di un nuovo soggetto operante nella storia, il cristianesimo. Ciò che Gesù ci ha detto non può essere realizzato senza di lui, la sua parola deve tornare a farsi carne nell'azione della Chiesa».

L'«opzione Benedetto» a cui si riferisce Carrón non ha nulla a che fare con Benedetto XVI. Si tratta invece di un libro che ha acceso un grande dibattito tra i cristiani negli Stati Uniti. L'autore, Rod Dreher, è un intellettuale brillante, sanguigno, e animatore da anni di un seguitissimo blog. La tesi di Dreher è che oggi i veri cristiani dovrebbero riprendere la via monastica e seguire l'esempio di Benedetto da Norcia nel VI secolo: «Convinto che fosse impossibile vivere secondo virtù dopo la caduta dell'impero romano, fondò un monastero dove la fiamma del cristianesimo potesse essere tenuta accesa durante i secoli bui del Medioevo»[12].

Dreher considera la «modernità liquida» di cui ha parlato il sociologo marxista Zygmunt Bauman «una forza che non si può più fermare, in buona parte perché capitalismo e tecnologia non possono essere fermati»[13]. E quindi invita i cristiani a ritirarsi dalla corrente della modernità, rivolgendosi verso se stessi, in una sorta di nuovo monachesimo: «Io paragono la modernità liquida al Diluvio universale della Bibbia. Non si può impedire l'alluvione. Il meglio che possiamo fare è costruire delle arche con le quali sopravvivere, e con l'aiuto di Dio galleggiare fino a quando non vedremo di nuovo la terraferma, e potremo cominciare a ricostruire, ripiantare, rinnovare il mondo»[14].

A questa via Carrón oppone esplicitamente la «cura Francesco», la proposta di sfida alla modernità che viene dal pontefice: il contrario di una fuga, di una ritirata dal mondo. Si tratta di una scelta di campo non scontata, visto che la base di Cl è in genere considerata una parte conservatrice del mondo cattolico. Oggi

[12] Joshua Rothman, *Rod Dreher's Monastic Vision*, in «The New Yorker», 1° maggio 2017, www.newyorker.com/magazine/2017/05/01/rod-drehers-monastic-vision.
[13] *Ibid.*
[14] *Ibid.*

il suo leader propone invece di togliere enfasi proprio a quelle «guerre culturali» combattute con la modernità, a quei «valori non negoziabili» che per un lungo periodo sono stati la bandiera della destra religiosa, e non solo in America: non già perché consideri la posizione della Chiesa sbagliata, o perché pensi che quelle guerre debbano essere considerate perse, ma perché «partire dall'etica era il modo sbagliato fin dall'inizio di presentare la cristianità al mondo contemporaneo; perché il cristianesimo è un evento, un fatto, è l'incontro con Cristo, non un insieme di regole o di formule, né una religione civile o una devozione privata»[15]. Un'esperienza concreta, di vita, dunque, che deve riuscire a toccare il cuore di giovani nati in un'epoca ormai successiva alle vecchie battaglie tra religione e secolarismo, e quindi sempre vissuti in una cultura sostanzialmente postreligiosa. Potrebbe perfino essere questo il momento buono per la Chiesa per una nuova evangelizzazione; cominciando daccapo, si potrebbe dire, dai fondamentali, dalla ricongiunzione tra il Cristo e i valori civili e culturali che ne sono discesi nell'Occidente.

Il dibattito su «opzione Benedetto» e «cura Francesco» deve interessare da vicino anche noi genitori. Domandiamoci, ai fini del discorso che stiamo facendo sullo spaesamento dei nostri giovani, se potrebbe esserci più vicina e alleata una Chiesa che si ritira di nuovo nei conventi, o invece una Chiesa che si rimette a lavorare sulla fede, tentando di riempire di senso la vita di tanti ragazzi; che offra loro ciò che più cercano, un motivo per entusiasmarsi, un'occasione per sentirsi pieni.

Ai nostri giovani «serve una proposta vivente, un testimone o – con una parola che oggi non è politicamente corretto usare, ma se la liberiamo dalle connotazioni con cui a volte la percepiamo e la diciamo nel suo senso originale risulta decisiva – un'au-

[15] John L. Allen Jr., Ines San Martin, *'If you don't think Francis is the cure, you don't grasp the disease', CL head says*, in «Crux», 21 giugno 2017, cruxnow.com/interviews/2017/06/21/dont-think-francis-cure-dont-grasp-disease-cl-head-says/.

torità, cioè qualcuno che fa crescere, che genera con la sua presenza. Occorre un'autorità, una presenza che sfidi il loro "punto infiammato", come lo chiamava Pavese, per lanciarli verso quella meta ambiziosa a cui ogni persona, per la sua struttura umana, è chiamata»[16]. L'esperienza della autorità, ha scritto don Giussani, «sorge in noi come incontro con una persona ricca di coscienza della realtà. Così che essa si impone come rivelatrice, ci genera novità, stupore, rispetto. C'è in essa un'attrattiva inevitabile, e in noi una inevitabile soggezione. L'esperienza dell'autorità richiama infatti l'esperienza più o meno chiara della nostra indigenza e del nostro limite. Ciò porta a seguirla e a farci suoi discepoli»[17].

Di questo appello alla riscoperta dell'autorità, di questo invito al coraggio di esercitarla nel sempre più evanescente mondo dei nostri figli, tutti noi genitori, indipendentemente dai nostri convincimenti in materia di fede, abbiamo un gran bisogno. Perché, come diceva Hannah Arendt, il vantaggio di una crisi è che ci «costringe a tornare alle domande, ed esige da noi risposte, nuove o vecchie, purché scaturite da un esame diretto».

[16] Carrón, *La bellezza disarmata*, cit., p. 239.
[17] Luigi Giussani, *IL rischio educativo*, Milano, Rizzoli, 2005, p. 83.

La politica e la rabbia

La crisi della politica è un altro macroscopico aspetto della crisi di tradizione, e cioè dell'incapacità di trasmettere valori e saperi da una generazione all'altra, che produce a sua volta effetti negativi sulla formazione, la cultura, l'educazione civica dei nostri ragazzi, mutandone il rapporto con la comunità in cui vivono.

Da sempre la politica, cioè l'arte di gestire la convivenza nella polis e la lotta per assumerne la guida, è stata per le giovani generazioni uno strumento di affermazione e di superamento del passato. Un mezzo per sostituirsi ai padri. Non è però quanto sta accadendo ai nostri giorni. Non è in corso una salutare ribellione dei giovani nei confronti delle generazioni precedenti per la conquista del potere. Assistiamo piuttosto al fenomeno opposto: le piazze sono vuote, e così le urne. È il segno più evidente della secessione delle nuove generazioni dalla politica, e per certi aspetti anche dalla polis. Le cause sono molteplici. Una è certamente la rabbia.

Su questa ha posto l'accento Giuliano da Empoli, saggista attento ai temi giovanili. Punto di partenza delle sue riflessioni è un volume di Peter Sloterdijk in cui il filosofo ha ricostruito la storia politica della rabbia[1]. In tutte le società occidentali – ha spiegato Sloterdijk – circola un sentimento incattivito, alimentato da coloro i quali, a torto o a ragione, ritengono di non avere abbastanza, di essere esclusi, discriminati o inascoltati. Tale accumulo, tale riserva di rabbia in realtà c'è sempre stata nelle società di massa, perché mai le cose vanno così bene per tutti da poterla prosciugare. In passato aveva però trovato sbocco nella Chiesa, che con la sua escatologia promette un riscatto, e, da quando esiste la moderna democrazia, nei partiti di sinistra. Questi ultimi svolgevano la funzione di vere e proprie «banche della collera», nelle quali il cittadino depositava il suo capitale di rabbia, che veniva però investito per costruire un progetto futuro, un sogno di palingenesi: un mondo in cui essere finalmente felici. Il «perdente» della società si trasformava, dunque, in militante del cambiamento, e il suo fardello di rabbia in energia politica. Oggi invece nessuno gestisce più la collera che gli uomini accumulano: «Né la religione cattolica – che ha dovuto abbandonare i toni apocalittici, il giudizio universale e la rivincita dei perdenti nell'aldilà, per andare d'accordo con la modernità – né la sinistra – che, in misura prevalente, si è riconciliata con i principi della democrazia liberale e delle regole del mercato»[2].

Della Chiesa e di come le sue difficoltà odierne giochino un ruolo di primo piano nella crisi educativa, abbiamo già detto. Quanto alla politica, non c'è alcun dubbio che sempre più spesso, e non solo in Italia, siano proprio i giovani la riserva elettorale di quella particolare forma di sfruttamento della rabbia che è l'antipolitica, sia quando si rifugiano nell'astensionismo sia quando si esprimono votando per movimenti e leader che, con una buona dose di approssimazione, vengono definiti populisti. Partiti magari poco credibili e affidabili in quanto a programmi e a compe-

[1] Peter Sloterdijk, *Ira e tempo. Saggio politico-psicologico*, Roma, Meltemi, 2007.

[2] Giuliano da Empoli, *La rabbia e l'algoritmo. Il grillismo preso sul serio*, Venezia, Marsilio, 2017, pp. 11-12.

tenza, talvolta persino un po' lunatici, ma che si presentano come una radicale negazione dello stato di cose esistente.

Il loro messaggio fondamentale è uno solo e sempre lo stesso: uscire. Uscire dall'Europa o dalla moneta unica, dal capitalismo, dalla storia e dalla scienza, uscire dalla modernità, da tutto ciò che è stato finora considerato progresso, per fare tabula rasa e cominciare daccapo. Un «ground zero» dell'Occidente, dunque. Una sorta di «fermate il mondo, voglio scendere».

Il rifiuto di ogni rapporto con la tradizione, a partire da quello con le culture politiche consolidate, indirizza i giovani verso movimenti considerati «innocenti» perché senza storia, privi di radici e quindi espressione di novità. Tale pulsione eversiva dell'ordine costituito non agisce però nel nome di un sol dell'avvenire, con una spinta verso il progresso, come accadeva nei partiti di sinistra. Tende piuttosto a guardare indietro, a vagheggiare un mondo ideale che non c'è più perché spazzato via dalla modernità, dalla finanza o dalle tecnologie, dall'euro o dalle migrazioni: ognuno ha il suo capro espiatorio. Paradossalmente, quindi, è un movimento che punta a conservare, e che infatti teme l'innovazione, nella tecnica come nella politica. Si potrebbe davvero dire che «tutte le idee più rivoluzionarie del nostro tempo cominciano con un "c'era una volta"»[3].

Se ne è accorto a sue spese Matteo Renzi, quando ha convocato un referendum basato sulla retorica del cambiamento, credendo di poter lanciare in tal modo un'Opa su quel capitale di rabbia, per scoprire invece che la grande maggioranza dei giovani tra i diciotto e i trentaquattro anni aveva votato per tenersi la Costituzione del 1948 della quale, evidentemente, si fidavano più che dei governanti del 2016.

È una crisi di fiducia quella che ha interrotto il rapporto fra

[3] Mark Lilla, *The Shipwrecked Mind: On Political Reaction*, in «New York Review Books», 6 settembre 2016, www.nyrb.com/products/the-shipwrecked-mind?variant=16634265671.

le nuove generazioni e la politica. I giovani non pensano più che il loro habitat naturale, la casa più adatta a far fiorire le loro aspirazioni, sia la democrazia parlamentare. Un modello, del resto, in difficoltà ovunque nel mondo, minacciato da forme sempre più demagogiche e sofisticate di governo autoritario o personale: «democrature» le chiamano oggi, come la Russia di Vladimir Putin. Ma sintomi di fastidio verso l'ordine liberale e di attrazione per il mito dell'uomo solo al comando si avvertono perfino nell'America che ha eletto Donald Trump. Si pensi soltanto alla polemica del presidente contro la libera stampa, o al ruolo delle *fake news* nella sua campagna elettorale.

Molti giovani oggi sostituirebbero volentieri le procedure lente e complesse della democrazia con la decisione rapida e incontestata di un leader. Così anche nel nostro paese assistiamo da molti anni all'affannosa quanto vana ricerca di un *deus ex machina*, al sorgere continuo, ma anche al rapido tramonto, di leadership che vorrebbero essere autoritarie e sono solo effimere, perché durano il tempo necessario a regalare l'ennesima illusione, per poi essere rimpiazzate dalla successiva.

È il grande paradosso politico del nostro tempo: il consenso popolare arride a personaggi e a movimenti chiaramente impreparati a governare, perché non è governare l'esistente che si chiede loro, ma piuttosto farlo dimenticare, far sognare un mondo che non c'è, e forse non è neanche possibile. Solo una grande disperazione, nel senso letterale del termine, la sensazione cioè di aver perso ogni speranza nella democrazia, può dare ragione di questo fenomeno.

Ci aiuta a comprenderlo un apologo brutalmente efficace proposto durante la campagna elettorale americana da uno degli intellettuali più vicini a Trump, Michael Anton, che si firmava con lo pseudonimo di Publius Decius Mus sulla rivista di un think tank conservatore. Si tratta del «dilemma del volo 93». Ricordiamo tutti quell'aereo, l'unico fra i quattro sequestrati dai terroristi dell'11 settembre che non raggiunse l'obiettivo designato, qualunque esso fosse. Alcuni coraggiosi passeggeri, infatti, avendo appreso via cellulare ciò che stava accadendo in contemporanea alle Twin Towers di New York, compresero che a breve sarebbe toccata loro la stessa sorte e diedero l'assalto alla cabina di pilotaggio. Non sapevano neanche lontanamente, in caso di successo, come pilotare un aereo e farlo atterrare. E infatti non riuscirono a evitare una tragica fine. Ma sapevano che se non avessero agito sarebbero morti in ogni caso.

È lo stesso dilemma di fronte al quale si trovano oggi gli elettori: «Dai l'assalto alla cabina o muori. Naturalmente puoi morire anche se il leader che ti sei scelto riesce a entrare in quella cabina e poi non sa come pilotare l'aereo. Non ci sono garanzie. Eccetto una: se non ci provi, la morte è sicura. Per usare una metafora: una presidenza di Hillary Clinton sarebbe stata una roulette russa con una semiautomatica. Con una presidenza Trump – hanno ragionato in molti – puoi almeno far girare il cilindro dei proiettili e tentare la fortuna»[4].

La metafora funziona alla perfezione. Meglio il rischio di un salto nel buio che la certezza di continuare nelle condizioni attuali. Tanti giovani elettori del Movimento 5 Stelle, per esempio, sono consapevoli del fatto che i loro beniamini non saprebbero come pilotare l'aereo Italia. Ma hanno votato per i grillini, e secondo tutti i sondaggi sono ugualmente pronti a rivotarli, per la semplice ragione che vogliono tenere lontani dal potere gli altri. *Tutti* gli altri. Quelli con i quali, a loro modo di vedere, proseguirebbe il disastro in cui avvertono di vivere, e non ci sarebbe nemmeno una chance di cambiare le cose.

Per lasciarsi andare a una tale psicologia da roulette russa bisogna avere una visione molto pessimistica della propria condizione di vita. Nel nostro paese più che altrove la crisi, i muta-

[4] Publius Decius Mus, *The Flight 93 Election*, in «Clermont Review of Books», settembre 2016.

menti sociali, la scomparsa del lavoro, la corruzione e l'impunità hanno prodotto un tale stato d'animo. Ecco perché la rabbia non si trasforma in militanza o in impegno civile come in passato, bensì dà vita a un atteggiamento polemico sì, ma passivo, scettico, disincantato. Ed ecco perché i movimenti cui si rivolge non sembrano soffrire molto neanche delle dure prove cui la realtà li sottopone: sconfitte, scandali, errori. Potremmo anzi chiamarli partiti-Teflon, come il materiale di cui sono fatte le padelle cui lo sporco non si attacca. «Solo in una repubblica corrotta, in tempi corrotti, poteva sorgere un Trump», ha scritto Publius Decius Mus. Vale anche per l'Italia. Coloro che si scandalizzano per il disorientamento politico dei giovani dovrebbero prima guardare la trave nel loro occhio e chiedersi chi ha lasciato ai ragazzi di oggi una repubblica talmente corrotta da togliere loro ogni speranza nella politica.

Ma cosa perdono i nostri figli perdendo la politica? Molto. Magari noi, generazione dei Baby boomers, ne abbiamo consumata troppa nella nostra gioventù, le abbiamo dedicato troppo tempo ed energie, ci abbiamo messo troppa passione e investito troppi desideri. I risultati non sono stati brillanti. Da uomini e donne del Novecento, ci siamo ubriacati di ideologia, abbiamo fatto degli ideali il centro della vita, e per questo spesso abbiamo finito per disprezzarla, fino a immolare la nostra o a calpestare quella degli altri. Gli anni di piombo furono il frutto di quella ubriacatura, perché non c'è niente come le idee capace di sprigionare violenza. Noi che avevamo vent'anni allora sappiamo dunque meglio di chiunque altro quanto fortunati siano i giovani di oggi, che sono rimasti immuni al contagio di quei demoni. Però la politica dei partiti di massa, delle mobilitazioni sindacali, delle passioni civili, perfino la politica agitata e settaria dei gruppi extraparlamentari che tanto seducevano i miei coetanei negli anni settanta, era da molti punti di vista una vera e propria scuola di formazione, una palestra. Innanzitutto insegnava a pensare. A sviluppare uno spirito critico. Non è vero che si portava il cervello all'ammasso. Ce ne voleva di cervello per militare nel Pci o nella Dc, e bisognava saperlo usare. Certo, era richiesta anche una buona dose di disciplina, il rispetto dell'interesse collettivo, la capacità di tenere a freno l'ego perché si perseguiva un obiettivo comune più grande di ognuno di noi. Ma non è di sicuro la disciplina che fa male a un ragazzo. Mi sembra anzi difficile immaginare una via alla libertà che non passi per un esercizio disciplinato del proprio talento, per una capacità di organizzare la propria autonomia. Pensare. Pensare e agire. Pensiero e azione, come nell'idealtipo mazziniano. Quale migliore scuola per i giovani che essere spronati a fare insieme queste due cose? Pensare nel senso di preferire sempre l'esercizio della ragione, l'analisi dei fatti, all'emozione, imperativo del sentimentalismo odierno. A noi fu insegnato a ragionare per vincere. Oggi, per vincere, la politica crede invece di doversi buttare sui sentimenti. Ma suona falsa, retorica, imbrogliona. I nuovi leader sembrano convinti che basti essere un buon imbonitore televisivo con una parlantina veloce e un gusto esasperato per la battuta di stampo calcistico per sedurre i giovani, o che se ne possa comprare il consenso dandogli una paghetta di Stato. Non è affatto così. Anche per questo il loro rifiuto della politica non è mai apparso forte e chiaro come oggi.

Per i giovani la politica è partecipazione, o non è. Questo vale soprattutto a sinistra, per quella «banca della collera» popolare che un tempo era capace di trasformarla in impegno. Non si può immaginare una sinistra senza militanza, fatta di un popolo passivo che si fa guidare senza discutere, e fanno tenerezza i tentativi di mobilitare i giovani pretendendo allo stesso tempo di usare toni e metodi autoritari per dirigerli. Certo, non si può più partecipare come un tempo, con i comizi e nelle sezioni. Bisogna cercare strumenti nuovi. La Rete, per esempio, si presta bene a mobilitare i ragazzi: è interattiva, consente loro di reagire ai messaggi, di condividerli, di commentarli, e perfino di esprimersi col voto. Si è irrisa molto la politica dell'algoritmo di Casaleggio-Rousseau, considerandola una forma soft di totalitarismo. È un rischio concreto, quando si pretende di sostituire la democrazia rappresentativa con quella diretta della piazza (spesso piazzetta) elettronica. Ma il web è anche il terreno su cui è stato preparato ed è sorto il mito di Obama, la cui via telematica fu invece celebrata. Allo scopo di avvicinare i giovani all'impegno civile è sempre meglio della tv, mezzo potente per comunicare, sì, ma a una sola dimensione, dall'alto verso il basso, strumento di una fruizione passiva, sempre più rifiutata da una generazione che ormai passa più tempo sui social che davanti allo schermo televisivo ed è abituata all'interazione continua. (All'età di tre anni uno dei miei figli, nativo digitale, si arrabbiava sempre quando mi vedeva in tv perché sosteneva che non lo salutavo, come facevo invece abitualmente su Skype: per lui lo schermo, qualsiasi schermo, era per definizione interattivo). Altro elemento non secondario: nella politica di massa, partecipata, i giovani trovavano maestri. Anche cattivi, non c'è dubbio, capaci di lasciarsi alle spalle sangue e dolore. Tanti di più erano però i buoni maestri. Persone che ti insegnavano il valore di un impegno pubblico e collettivo, che cercavano di scoprire il tuo talento per farlo fruttare, che mettevano a fattor comune la loro esperienza per formare la tua. Adulti che, più semplicemente, passavano del tempo con i giovani impegnandosi, proponendo letture, discutendo temi. Non erano certo tutti dei geni, e spesso ci si trovava a che fare con persone che disponevano di un grado di istruzione inferiore al nostro. Ma era un momento di confronto, e quindi di crescita, che le generazioni senza politica hanno perso. Con quale adulto oggi un ragazzo ha l'opportunità di discutere del mondo e della realtà che lo circonda, all'infuori del programma scolastico? La politica di massa aveva al centro, almeno nel suo discorso pubblico, il bene comune. Esortava a tenerlo sempre presente[5]. E allenava alla pazienza, alla tensione

[5] «Servire il popolo» era il nome dell'organo di stampa di un gruppo marxista-leninista, ma i democristiani parlavano allo stesso modo della politica come servizio.

ideale, al rispetto delle opinioni altrui (l'unico modo per poterle criticare o confutare). Premiava i più colti e i più informati. Costruiva leadership basate sulla conoscenza e sull'eloquenza, non solo sull'esercizio spregiudicato del potere. Non è un caso che le scuole di partito, perfino quelle dell'estremismo politico di gruppi come Lotta continua o Potere operaio, abbiano prodotto tanta parte delle classi dirigenti dei decenni successivi. Si può anzi dire che i partiti di massa supplirono a compiti di formazione e selezione della classe dirigente in un paese che non disponeva di grandi scuole e di istituti di eccellenza. Oggi la politica, nella migliore delle ipotesi, offre ai giovani un mestiere. Con una gavetta spesso umiliante, passata a fare il raccatta-voti, il portaborse, il galoppino, o a tenere l'ombrello aperto sulla testa degli oratori in un dibattito, come è accaduto a un gruppo di ragazze a Sulmona[6]. In Parlamento arrivano i più leali al capo, i più conformisti, quelli di cui ci si può fidare; non quelli con un pensiero, un'autonomia, una storia alle spalle. La politica educa alla mediocrità, e infatti spesso è usata come rifugio da chi stenta ad affermarsi in altri campi, forma personalità gregarie, addestrate al cinismo di una gestione del potere senza ideali, quando non prepara addirittura, in certe aree del paese, al malaffare e all'uso scorretto del denaro pubblico. Ricostruire una buona politica non è importante solo per il futuro del nostro paese, così bisognoso di buon governo. Servirebbe anche alle famiglie alle prese con l'educazione dei figli. Comunità impegnate nella ricerca del bene comune, in cui operino insieme persone di età e di estrazione sociale diverse, sarebbero palestre ideali per ricomporre una scala dei valori, e rappresenterebbero una spinta per i nostri giovani a uscire di casa, ad alzarsi dal divano, a mettere da parte per qualche ora lo smartphone. Perché non basta una famiglia sana per avere figli

[6] Cfr. Katia Riccardi, *Sulmona, politici sul palco protetti da ragazze ombrello: polemiche sul convegno*, in «la Repubblica», 3 luglio 2017, www.repubblica.it/cronaca/2017/07/03/news/fonderia_abruzzo_sulmona_ombrelline-169856723/.

sani, anche ciò che è fuori della famiglia deve saper premiare i comportamenti migliori. Se non è possibile – e di certo non lo è – far rinascere i partiti di massa di un tempo, c'è però spazio per l'associazionismo dei cittadini, per mobilitazioni civili e referendarie, per forme più moderne di lavoro comune e di impegno.

In parte sta già accadendo. Sempre più i giovani sopperiscono con il volontariato alla mancanza di quel canale di inserimento nella vita della comunità che era un tempo la politica dei partiti. È una tendenza in continuo aumento da anni, un vero e proprio boom. Una delle critiche ai Millennial è anzi di dedicarsi a queste attività perché «fanno curriculum», e in effetti è vero che molte aziende le considerano importanti per valutare il *commitment* di un giovane, la sua capacità di impegnarsi per una causa e di essere attivo, quasi fossero una forma nuova di servizio civile. Inoltre, per una generazione che arriva all'occupazione così tardi – quando ci arriva –, un periodo di volontariato finisce per essere un salutare approccio anticipato al mondo del lavoro, alla disciplina e al rigore che comporta. Al lavoro volontario si ricorre infine, talvolta addirittura pagando, anche come un modo per passare dei periodi all'estero, alternando impegno e vacanza, e magari contemporaneamente imparando o praticando una lingua straniera: certe volte diventa «volonturismo», e non sempre risponde al bisogno di chi dovrebbe beneficiarne più che alle aspettative di chi lo pratica.

Nonostante tutto, però, è fuor di dubbio che l'esplosione del volontariato tra i giovani nasce innanzitutto da un'esigenza di socialità, dalla ricerca di una causa cui dedicare parte del proprio tempo, e da un ritrovato senso della comunità. Andrebbe dunque incentivato in tutti i modi possibili. Soprattutto dopo la fine della politica militante, i nostri ragazzi hanno molto bisogno di qualsiasi occasione venga offerta loro di dar fiducia a un progetto collettivo.

Anche perché la sfiducia che oggi si avverte nei confronti dei politici, delle istituzioni che incarnano e dei governi che esprimono, non è estranea a un altro grande e pericoloso fenomeno della nostra epoca, quando cioè si tramuta in sfiducia generalizzata nell'autorità, qualunque essa sia e sotto qualsiasi forma si manifesti, anche se basata sulla competenza e sulla conoscenza.

Sempre più spesso, infatti, i giovani non si fidano neanche degli esperti, dei medici, degli scienziati, di ogni potere la cui autorevolezza poggi sulle solide basi di un'esperienza accumulata e sul naturale processo attraverso cui questa viene trasferita alle generazioni successive. Lo vediamo nell'aggressività che domina il dibattito sui social e che non risparmia nessuno che parli con cognizione di causa; lo vediamo nella furia e perfino nell'orgoglio con cui l'ignoranza può essere rivendicata e usata per abbattere la verità, perché la verità, in fin dei conti, è ciò in cui uno crede, vero o falso non è poi così importante. Anzi, è un atteggiamento perfino peggiore dell'ignoranza: «È un'arroganza senza fondamento, il perenne stato di indignazione di una cultura sempre più narcisistica, che non può più accettare neanche la minima traccia di ineguaglianza di qualsiasi tipo»[7], nemmeno quando si tratta dell'ineguaglianza – inevitabile e necessaria nelle società complesse – tra chi sa e chi non sa.

È da questo humus che nascono slogan secondo i quali «uno vale uno», anche quando si tratta di stabilire se un vaccino è utile all'umanità, cosa succederebbe al nostro debito pubblico se uscissimo dall'euro o se davvero le emissioni di gas serra abbiano un impatto sul clima.

Ma l'idea che uno valga uno o, per meglio dire, che uno valga l'altro, non si sarebbe mai potuta affermare se non in un clima culturale che rifiuta la tradizione e l'autorità delle generazioni precedenti, con la pretesa di formare un'ennesima versione dell'uomo nuovo, di quel genere che sempre nella storia arriva per rifondare la società e finisce col trasformarla in un inferno o in un lager.

[7] Tom Nichols, *The Death of Expertise: The Campaign Against Established Knowledge and Why it Matters*, Oxford, Oxford University Press, 2017, p. 4.

Nel nome della Legge

Lo scontro tra diritto naturale e diritto positivo è antico quanto la civiltà umana. Da quando abbiamo cominciato a vivere in comunità siamo costretti a cercare un equilibrio tra ciò che è dell'uomo e ciò che è della società. Ma i figli, almeno fino alla maggiore età, sono sotto la nostra giurisdizione? O c'è un potere sovraordinato a quello della famiglia, un moderno Leviatano che ce li può sottrarre, naturalmente sempre pretendendo di agire nel loro interesse?

Gabriella Carsano e Luigi Deambrosis, due maturi signori di Mirabello Monferrato, sono forse il più recente emblema di questo conflitto. Gabriella ha partorito una bambina, Luigi ne è il padre. L'hanno voluta con tutte le forze e non le hanno mai fatto niente di male. L'amano profondamente ma non possono vivere con lei, poiché lo Stato ritiene – per motivi che vedremo quanto contraddittori, insostenibili e ciò nonostante irrevocabili – che è meglio così.

Il caso ha avuto grande eco sui media, perché i coniugi Deambrosis si sono macchiati di una grave colpa: sono anziani, settantacinque anni lui, sessantatré lei. Lo erano in realtà meno quando nacque la loro figlia, nel 2010. Ma i cinquantasette anni di Gabriella non le permettevano comunque di concepire. La tecnologia odierna consente però di fare molte cose che la natura non sa fare, e una di queste è l'inseminazione artificiale «eterologa», realizzata cioè utilizzando il materiale genetico di una terza persona, in questo caso le cellule uovo di una giovane donna prestate alla coppia per essere fertilizzate e poi reimpiantate nell'utero di Gabriella. La signora conduce così a termine felicemente la gravidanza e dà alla luce una bimba bella e sana.

Ma il suo sogno di felicità si scontra con la morale del tempo. Che per quanto sia diventata molto – anzi eccezionalmente – permissiva in un'ampia gamma di questioni legate al sesso e alla riproduzione, pare aver costruito un pregiudizio radicato contro l'invecchiamento, forse l'altra faccia di quell'idolatria dei giovani e del giovanilismo di cui abbiamo parlato. Lo spirito della nostra epoca sembra accettare tutto tranne i vecchi. Figuriamoci se possono permettersi di desiderare un figlio e, ancor peggio, di averlo.

Così quando la nuova famiglia si trova ancora nel reparto maternità dell'ospedale qualcuno già avvisa i servizi sociali: non saranno troppo avanti negli anni per allevare e accudire come si deve un bambino?

Ognuno ha diritto alla sua opinione, in materia. Non voglio certo proporre i coniugi di Mirabello come modello di famiglia moderna. Io ho avuto due gemelli all'età di cinquantatré anni e sento tutto il peso di una tale distanza anagrafica nella loro cura ed educazione, insieme all'immensa gioia che mi regalano ogni giorno. Figurarsi se non capisco come possa essere difficile occuparsi di un neonato per un padre sulla soglia dei settanta. Però tutti noi possiamo dire solo quello che avremmo o non avremmo fatto al posto loro, non ciò che avrebbero dovuto fare. Soprattutto, quello che proprio non possiamo fare è cancellare, annullare o, peggio ancora, revocare ciò che hanno fatto. Una bambina è nata. Punto. E, come ogni altra, ha diritto ad avere accanto i suoi genitori.

I media preparano invece il terreno per il rigetto di questa nuova famiglia da parte della comunità in cui vive. Non la considerano una storia privata. Contestano la stranezza di questa coppia di «genitori-nonni». I vicini li osservano, e un giorno, il diciottesimo di vita della bimba, si convincono che Luigi ha fatto qualcosa che un padre non dovrebbe mai fare: ha lasciato la neonata in auto nel cortile di casa mentre, durante un trasloco, andava e veniva dall'appartamento. Lo denunciano. Comincia un processo per abbandono di minore. Tre gradi di giudizio, alla fine dei quali l'imputato è assolto con formula piena. Ha dimostrato senza ombra di dubbio di aver lasciato la piccola in auto per un totale di sette minuti, mentre lui andava a prepararle il biberon, e tenendola comunque costantemente sotto controllo. Quante volte è capitato a ciascuno di noi di fare qualcosa del genere?

Ma mentre il processo faceva il suo corso con i soliti tempi biblici, nel frattempo un tribunale toglieva la bambina ai genitori e una Corte d'appello emetteva addirittura una sentenza che la rendeva adottabile. Per la legge non poteva dunque più vivere con la sua famiglia naturale. Per questo, e ovviamente nel superiore interesse del minore, la piccola passa qualche anno tra comunità e affidi provvisori. Poi, nel 2015, è definitivamente adottata da una coppia, generosa e accogliente, immaginiamo, quanto tutte le famiglie che adottano bambini.

Il papà e la mamma però non si rassegnano, non vogliono perdere la figlia. Soprattutto non ne capiscono le ragioni. Se una sentenza emessa in nome della repubblica italiana ha dichiarato che non hanno commesso nessun abuso o trascuratezza, perché un'altra sentenza emessa nel nome della stessa repubblica ha tolto loro la bambina? Perché sono «vecchi»? Ma non esiste alcuna legge, e nemmeno alcun principio desumibile dalla legge o dalla Costituzione, che dica che l'età dei genitori è un fattore rilevante ai fini della loro capacità di allevare i figli. E infatti la Cassazione dà ragione alla coppia, imponendo alla Corte d'appello di riconsiderare la sua decisione: con quale motivazione si può negare ai genitori naturali il diritto alla loro bambina?

Ed è qui che si raggiunge l'apice di questa storia assurda. La Corte d'appello riconferma infatti la sua decisione sulla base del fatto compiuto che essa stessa ha creato: è vero che i due genitori non hanno mai fatto nulla di male, è vero che la loro tarda età non può essere un ostacolo per la legge italiana, ma poiché nel frattempo abbiamo già dato la piccola in adozione a una coppia – spiegano i giudici – sarebbe ora peggio strapparla alla famiglia adottiva e ridarla ai genitori naturali. In effetti nessuno mette in dubbio che si tratterebbe dell'ennesimo trauma per questa incolpevole bimba che oggi ha sette anni. Ma l'esito è una profonda ingiustizia verso i genitori naturali e anche verso di lei, perché prima o poi qualcuno dovrà spiegarle che è stata allontanata dai suoi familiari contro la loro volontà; e soprattutto dovrà spiegarle perché mai sia stato condotto questo doloroso esperimento giuridico sulla sua pelle.

E neppure questa sentenza è resa più accettabile, più comprensibile, dal tentativo di giustificarla buttando comunque la croce sui genitori proposto da una giudice molto competente in materia, ex presidente di tribunali dei minori, la quale ha ricordato che «la coppia era già stata giudicata inadatta all'adozione nazionale e internazionale»[1] prima dell'inseminazione artificiale (forse cercata proprio per il rifiuto della richiesta di adozione). Perché nel caso in questione il tribunale non si trovava a decidere se quelle due persone potessero avere un bimbo in adozione, bensì se potessero tenersi un figlio naturale già nato. Confondere le due cose vuol dire perdere il senso del limite della giustizia degli uomini, e lascia intravedere una pretesa di onnipotenza per cui i giudici si sentono titolati a decidere chi merita di essere genitore e chi no.

[1] *Genitori-nonni, Melita Cavallo: "Giudicati inadatti all'adozione già prima della nascita della bimba"*, intervista di Giulia Santerini, la Repubblica.it, 13 marzo 2017, http://video.repubblica.it/edizione/torino/genitori-nonni-melita-cavallo--giudicati-inadatti-all-adozione-gia-prima-della-nascita-della-bimba/270315/270768?videorepmobile=1.

In realtà accade spesso che i criteri con cui la giustizia si muove non siano omogenei ma piuttosto creativi, dipendendo dalla discrezionalità dei giudici: sia quando una norma esiste ma è generica – cosa che avviene di frequente in queste materie – sia quando non esiste e dunque bisogna costruirla nei tribunali.

I genitori di Mirabello sono stati separati da una figlia ottenuta con una tecnica di inseminazione artificiale che all'epoca del concepimento era proibita dalla legge in Italia, e infatti l'hanno praticata all'estero. Ma al momento delle sentenze l'eterologa era già diventata legale, perché la Corte costituzionale ha corretto la legge 40[2].

Resta invece illegale nel nostro ordinamento – e c'è addirittura chi propone di renderlo un «reato universale», perseguibile cioè ovunque sia stato commesso nel mondo[3] – la pratica cosiddetta dell'«utero in affitto», che con ipocrisia semantica viene chiamata «gestazione per altri» da chi, avendone beneficiato, preferisce presentarlo come l'atto di generosità volontaria di una donna, seppure solitamente pagato e inserito in un vero e proprio mercato.

Eppure, mentre il frutto dell'«eterologa» per una madre anziana è stato sanzionato nel modo che abbiamo visto, l'«utero in affitto» ha ricevuto dai giudici italiani un trattamento ben diverso, forse perché più accettato dallo spirito del tempo e sostenuto da una massiccia campagna di opinione pubblica. Si pensi, per

[2] La legge 40/2004 in materia di procreazione medicalmente assistita (Pma). Il 9 aprile 2014 la Corte costituzionale ha giudicato illegittimo l'articolo 4, comma 3, che vietava «il ricorso a tecniche di procreazione medicalmente assistita di tipo eterologo».

[3] Dall'incontro internazionale alla Camera su *Maternità al bivio: dalla libera scelta alla surrogata, una sfida mondiale*, organizzato dal movimento Se non ora quando-Libere, è scaturito un documento rivolto all'Onu, in particolare alla commissione che vigila sull'eliminazione di ogni forma di discriminazione delle donne (Cedaw), alla divisione dei Diritti umani e all'alto commissario per i Diritti umani. I firmatari chiedono «di aprire una procedura volta a raccomandare il divieto della pratica della maternità surrogata». Cfr. Monica Ricci Sargentini, *Dall'Italia raccomandazione all'Onu: «L'utero in affitto reato universale»*, in «Corriere della Sera. La 27esima ora», 23 marzo 2017, http://27esimaora.corriere.it/17_marzo_23/dall-italia-raccomanzione-all-onu-l-utero-affitto-reato-universale-f4969ecc-1010-11e7-94ba-5a39820e37a4.shtml.

esempio, alla sentenza con cui nel marzo 2017 il Tribunale dei minori di Firenze ha riconosciuto l'adozione di due bambini da parte di una coppia di uomini gay, disponendo la trascrizione anche in Italia dei provvedimenti emessi da una corte britannica[4]. I fratellini sono dunque entrati a far parte di una famiglia composta da due cittadini italiani che da anni vivevano in Gran Bretagna.

È stato il primo caso in Italia, e la sentenza è importante perché ha superato di slancio tutto il dibattito che si svolgeva da mesi sulla cosiddetta *stepchild adoption* (letteralmente «adozione del figliastro»), proposta in Parlamento nell'ambito della legge sulle unioni civili e poi esclusa per il mancato raggiungimento di una maggioranza favorevole. Mentre la *stepchild adoption* è la possibilità di ottenere l'adozione da parte del partner nell'«unione civile» di un figlio già esistente, generato cioè dall'altro membro della coppia, nel caso di Firenze i due bambini non c'erano prima che si formasse il nucleo familiare, ma sono stati procreati per entrare a farne parte. Ed essendo i genitori due uomini, è inevitabile che a partorirli sia stata una donna estranea alla famiglia, dopo averli portati nel suo grembo.

Lasciamo da parte i giudizi morali: così come nel caso della scelta di un uomo e di una donna anziani di avere una bambina «in provetta», la decisione dei due padri di Firenze di generare così dei figli può essere ovviamente discussa, ma i suoi effetti sono indiscutibili. Soprattutto vanno rispettati i due bambini, perché il modo in cui sono stati concepiti e la persona da cui sono stati partoriti non può certo intaccare in alcun modo i loro diritti.

Oggetto di discussione deve invece essere la disomogeneità di un diritto che in materia di famiglia si applica in modi diversi a seconda della morale del tempo e finisce così per non essere

[4] Cfr. Elena Tebano, *Riconosciuta in Italia la prima adozione da parte di due padri gay*, in «Corriere della sera», 9 marzo 2017, www.corriere.it/cronache/17_marzo_09/riconosciuta-italia-prima-adozione-parte-due-padri-gay-8143355e-04bf-11e7-8f0b-7a36b2d7188f.shtml.

uguale per tutti, rivelandosi eccessivamente sensibile alla spinta dei media e dei gruppi di pressione.

Nel caso specifico, per esempio, sono stati i tribunali a fare la legge: ciò che il Parlamento non ha inteso consentire con la *stepchild adoption* è stato introdotto in forma ancora più radicale. Il Parlamento può aver sbagliato, essere stato troppo timido, aver agito per convenienza politica o per miopia. Ma è l'organo democratico che rappresenta i cittadini e dunque ha il potere di fare leggi che presume siano accettabili per la maggioranza di loro. I giudici non hanno altro potere che di applicarle.

Ovviamente anche la sentenza di Firenze fa riferimento a una fonte normativa, nello specifico la convenzione dell'Aja del 29 maggio 1993 in materia di adozione internazionale. Questa riguarda però solo i cittadini italiani che abbiano risieduto fuori dall'Italia per almeno due anni, e impone di riconoscere nel nostro paese le adozioni ottenute all'estero. Il che ha anche un senso. Chi è stato dichiarato «figlio» in Gran Bretagna non può smettere di esserlo una volta che i genitori siano tornati a vivere in patria. Questo principio però non si applica agli omosessuali italiani residenti in Italia che chiedano qui da noi di adottare un bambino nato nello stesso modo; né il Parlamento, come abbiamo visto, ha deciso finora di andare in questa direzione. Tuttavia ora, legittimamente, anche le coppie gay che vivono in Italia chiederanno di vedersi riconosciuto lo stesso diritto di cui godono i due padri di Firenze: procreare un figlio per interposta persona. In tal senso si può dire che quella sentenza ha «creato» diritto, perché ha giustificato l'emergere di nuovi diritti a oggi non previsti dalla legge.

Così i figli finiscono per non essere tutti uguali. Allo stesso modo i genitori non sono tutti uguali. Di conseguenza neanche le loro potestà sui figli lo sono. L'idea di famiglia (che cos'è, come si forma, quali sono i doveri a cui deve adempiere) ne esce notevolmente e pericolosamente indebolita.

D'altra parte, il potere dei giudici non si esercita solo in questi casi limite, con sentenze-manifesto che tanta risonanza hanno sui media. Si stima infatti siano più di trentamila i minori che, allontanati dai genitori, vivono presso comunità o sono stati affidati ad altre famiglie[5]. Ci sono ovviamente le situazioni di maltrattamenti e abusi, nei quali è fuor di dubbio che lo Stato debba proteggere il minore sottraendolo alla famiglia d'origine. Nell'85% dei casi, però, i giudici intervengono a causa dell'«inidoneità genitoriale», che è una valutazione psicologica – e dunque inevitabilmente discrezionale – sulla capacità dei genitori di prendersi cura dei figli. Gli articoli 330 e 333 del Codice civile, che disciplinano la decadenza della responsabilità genitoriale o la «condotta pregiudizievole» nei confronti del figlio, sono molto generici. Il giudice può intervenire «quando il genitore viola o trascura i doveri o abusa dei relativi poteri», recita l'articolo 330. Ma nessuna norma specifica in che cosa consista tale condotta, ossia quale debba essere il grado di violazione, di trascuratezza o di abuso che giustifichi l'intervento. «I parametri utilizzati», spiega un avvocato esperto in queste cause, «potranno essere quindi differenti da tribunale a tribunale e anche da giudice a giudice dipendendo, come troppo spesso avviene nell'ambito del diritto di famiglia, dalle ideologie e dai principi morali dell'organo giudicante, invece che da norme codificate»[6].

I giudici decidono di volta in volta sul caso concreto e non abbiamo dubbi che scelgano di solito in buona fede e per il meglio. Ciò non toglie che spesso le cronache riportino episodi che lasciano molti dubbi sui criteri seguiti.

Per esempio: i casi di estrema povertà, in linea di principio,

[5] Manca però un registro nazionale. Nel 2010 il ministero del Lavoro e delle politiche sociali condusse il primo (e forse unico) studio approfondito e scoprì che al 31 dicembre di quell'anno i bambini e i ragazzi portati via alle loro famiglie erano 39.698. C'è chi sostiene che queste cifre siano approssimate per difetto.

[6] Barbara Armanini, *I presupposti per la richiesta di affido esclusivo e la revoca della patria potestà*, Donnaclick, 25 novembre 2013, www.donnaclick.it/matrimonio/34649/i-presupposti-per-la-richiesta-di-affido-esclusivo-e-la-revoca-della-patria-potesta/.

non dovrebbero mai essere risolti con la sottrazione dei minori ai genitori, bensì garantendo assistenza e un sussidio alle famiglie bisognose. Eppure non sono rare le storie di genitori che protestano sostenendo di essere stati separati dai figli soltanto per motivi economici. È accaduto spesso, in particolare nel Mezzogiorno: padri e madri, il più delle volte giovanissimi, senza tetto e senza lavoro, si rivolgono ai servizi sociali chiedendo un sostegno per mantenere i figli, ma restano senza lavoro e perdono anche i figli.

In tutti questi casi di solito i genitori presentano ricorso al Tribunale dei minori, ma per vederlo discusso ci vogliono in media due anni in grandi città come Roma. Con bambini molto piccoli si determinano così facilmente situazioni di «fatto compiuto», simili a quella dei due genitori anziani del Monferrato. Un bambino non ha anni di tempo a disposizione per capire chi è mamma e chi è papà.

Ormai sempre più spesso i giudici sono chiamati a decidere sulla buona condotta dei genitori, anche quando questa è influenzata da convinzioni religiose o etiche, o risponde a particolari metodi educativi. Le nuove norme sui vaccini, per esempio, prevedono che la Asl denunci al Tribunale dei minori i genitori che non osservano l'obbligo di vaccinazione dei figli, e qualcuno aveva perfino ipotizzato di punirli con la perdita automatica della potestà genitoriale. Personalmente condanno coloro che rifiutano i vaccini, ma francamente non credo che sia giusto sanzionarli sottraendo loro i bambini. Ci sono stati casi in cui il rifiuto dei genitori di somministrare un farmaco o di praticare una terapia ha provocato la sospensione della responsabilità genitoriale. Lo stesso è accaduto a due vegani che volevano allevare a modo loro il figlioletto di un anno. Esiste perfino una proposta di legge del Pd che ipotizza, per chiunque sia condannato ai sensi dell'articolo 416 bis (associazione di stampo mafioso), la decadenza automatica della potestà genitoriale: senza neanche lasciare ai giudici, dunque, la scelta tra le varie opzioni di cui adesso dispongono, come la nomina di un curatore speciale o l'allontanamento «volontario», ossia eseguito con il consenso di almeno uno dei genitori. Proposte pericolosamente vicine a un'idea di Stato etico, il quale punisce i genitori che sbagliano prendendosi i loro figli.

C'è anche chi sospetta che dietro tanta solerzia possa nascondersi qualche interesse non del tutto trasparente. Su «Tempi» Maurizio Tortorella ha segnalato la denuncia di Finalmente Liberi Onlus, un'organizzazione che si batte per la tutela dei minori sottratti alle famiglie di origine con troppa facilità[7]. Secondo questa indagine, nei nostri ventinove tribunali per i minorenni e nelle corti di appello minorili operano un migliaio di magistrati «onorari», tecnicamente definiti «privati». Si tratta di «cittadini benemeriti», perché esperti di psichiatria, pedagogia, sociologia ecc. che consigliano, remunerati, i giudici togati, e hanno un peso rilevante perché in ogni tribunale minorile le corti sono composte da due giudici togati e due onorari, mentre nelle corti d'appello da tre togati e due onorari. Secondo Finalmente Liberi, ben 151 giudici onorari nei tribunali, più 54 nelle corti d'appello, per un totale di 205, sarebbero in una situazione di potenziale conflitto di interessi, perché anche azionisti o dipendenti delle strutture dove inviano i bambini con le proprie sentenze.

Infine c'è la parte sommersa dell'iceberg: la miriade di interventi dei giudici nelle quotidiane controversie tra genitori che si separano o divorziano. Un campo nel quale ci si deve muovere con estrema prudenza per evitare traumi pesantissimi ai minori, contesi talvolta perfino fisicamente dai due ex coniugi in guerra tra loro.

Fino alla riforma del 2006[8], a prevalere era un orientamento

[7] Cfr. Maurizio Tortorella, *Il mostruoso scandalo giudiziario che alimenta il "business" degli affidi minorili*, in «Tempi», 23 marzo 2015, www.tempi.it/il-mostruoso-scandalo-giudiziario-che-alimenta-il-business-degli-affidi-minorili#.WaV8qJNJZE4; Manila Alfano, *"Lo scandalo dei giudici tra incompatibilità e conflitti di interessi"*, in «Il Giornale», 2 aprile 2017, www.ilgiornale.it/news/politica/scandalo-dei-giudici-incompatibilit-e-conflitti-interessi-1381584.html.

[8] La legge 8 febbraio 2006, n. 54, *Disposizioni in materia di separazione dei genitori e affidamento condiviso dei figli*, ha determinato il passaggio all'affidamento condiviso come

sessista che privilegiava l'affido alla madre, a ragione nel caso dei padri assenti o, peggio, violenti, ma anche con grande sofferenza dei padri che invece non fuggono dalle loro responsabilità e che vorrebbero continuare a occuparsi dei figli, uomini spesso condannati dalla separazione a una netta decurtazione del reddito proprio per garantire il loro benessere, ma d'altra parte emarginati sul piano affettivo e dalle decisioni riguardanti la loro vita[9].

Fortunatamente, e tardivamente, la nuova norma ha incentivato l'affidamento congiunto dei figli in caso di separazione. Una svolta storica che mette i genitori sullo stesso piano e garantisce il diritto dei minori a mantenere un rapporto stabile con entrambi, e anche con i rispettivi nonni e parenti. Come sempre, però, nelle pieghe della legge si annida il rischio che il comportamento concreto dei giudici non corrisponda poi sempre a questi principi sacrosanti. Si può infatti derogare all'affidamento condiviso, secondo una sentenza della Cassazione, «quando risulti, nei confronti di uno dei genitori, una sua condizione di manifesta carenza o inidoneità educativa»[10]. In tal caso l'affido torna a essere esclusivo all'altro genitore, di solito la madre, che può anche chiedere la revoca della potestà genitoriale per l'ex coniuge.

A giudicare dalla quantità di padri che protestano, le deroghe devono essere molte. Le associazioni di padri separati sono ormai una settantina e fanno sentire la loro voce[11].

soluzione da valutare primariamente, salvo non sussistano ragioni eccezionali che portino a preferire quello esclusivo.

[9] Basti pensare che nel 2005, alla vigilia della riforma, gli affidi congiunti erano appena il 15% del totale, quelli ai padri un misero 3,4%, mentre la parte del leone la faceva l'affido alla madre (oltre l'80%). Polito, *Contro i papà*, cit., p. 85.

[10] Cassazione civile, Sez. I, 19 giugno 2008, n. 16593.

[11] La lettera di uno di questi genitori, Federico M., pubblicata dal «Corriere della Sera» il 1° giugno 2017, dà l'idea di quanto difficile e doloroso possa diventare per un padre: «In Italia l'affidamento congiunto dei figli esiste soltanto sulla carta. Dopo cinque anni di separazione non mi è permesso di scegliere i periodi di vacanza estiva con mia figlia, ma devo sottostare alle decisioni della madre; lei può scegliere quando e quanti giorni fare, mentre io devo incastrare con difficoltà le mie vacanze con gli impegni lavorativi. La madre può permettersi di allungare il ponte del 2 giugno fino a 12 giorni e andare in vacanza negli Usa, a me è stato concesso un giorno feriale, in un anno e dopo mille richieste. La madre

Inoltre, nel 2013 la tendenza dei giudici ad «adottare quasi automaticamente misure in favore della madre è costata all'Italia una condanna della Corte europea dei diritti dell'uomo, una delle dieci negli ultimi sei anni per violazione del diritto alla bigenitorialità. E il sistema di mantenimento dei figli è rimasto quello dell'assegno mensile, che continuano a pagare i padri con poche variazioni»[12].

Quanta amarezza, e quanti traumi possono provocare situazioni del genere. Soprattutto ora che ci si può separare e divorziare con la sola assistenza dell'avvocato o direttamente in Comune, se i genitori non trovano tra di loro un accordo solido e duraturo è molto frequente che finiscano per delegare ogni decisione sui figli ai tribunali. I giudici sono dunque tenuti a intervenire: è indispensabile per correggere gli errori e talvolta gli orrori della famiglia, che è pur sempre composta di esseri umani fallaci. Ma è fuor di dubbio che anche nel campo della giustizia si stanno affermando, quasi senza dibattito e nell'indifferenza generale, sulla scia delle mode del momento, protagonismi che pretendono di sostituirsi ai genitori, di deresponsabilizzarli, di punirli attraverso i figli per comportamenti, convincimenti o condizioni sociali che non corrispondono alla normalità generalmente accettata o non sono abbastanza conformisti.

È questo uno dei rischi peggiori per la libertà educativa dei genitori. Per questo dovremmo alzare il livello di attenzione su quello che avviene nei tribunali dei minori, e forse i genitori do-

può scegliere dove andare a vivere con la figlia, ai padri tocca inseguire per vederla. Agli uomini resta solo una certezza: l'assegno di mantenimento (nel mio caso 1200 euro per una bimba di otto anni, mi rimane il giusto per vivere). Provo tristezza a pensare che con i miei soldi, utili per il futuro di mia figlia, viene invece pagata una baby sitter, mentre la piccola ha più volte chiesto di stare di più con me e con i nonni paterni, con grande contentezza di tutti. Mi sento impotente, come tanti nella mia situazione, perché giudici e assistenti sociali prestano poca attenzione a casi come il mio: devono gestire situazioni ben più gravi, e una figlia che sta poco col padre passa in sordina».

[12] Cfr. Martina Pennisi, Maria Silvia Sacchi, *Padri e separati: la «guerra» dei figli*, in «Corriere della Sera», 2 luglio 2017, www.corriere.it/cronache/uomini-cambiamento/notizie/padri-separati-guerra-figli-2b668842-5e61-11e7-a166-a251b30d0494.shtml.

vrebbero svolgere un ruolo più attivo, organizzandosi e facendosi sentire maggiormente nel dibattito pubblico.

Del resto l'ingerenza sempre più penetrante della giurisdizione nella libera determinazione delle famiglie è un fenomeno non solo italiano, e di crescente portata etica. Chiama in causa un'idea dello Stato moderno che si crede onnopotente, convinto di sapere meglio dei genitori ciò che è bene per i figli. Un caso recente, che ha dato origine a due sentenze storiche dell'Alta Corte britannica e della Corte europea dei diritti dell'uomo, lo dimostra oltre ogni ragionevole dubbio. È la storia di Charlie Gard, nato il 4 agosto 2016 da una giovane coppia inglese, affetto da una rarissima malattia che ne ha bloccato lo sviluppo di tutti i muscoli, condannandolo a morte. I medici del Great Ormond Street Hospital di Londra hanno deciso che andava staccata la spina del respiratore che teneva in vita il neonato, al fine di risparmiargli inutili sofferenze. I genitori, Chris e Connie, si sono opposti. Sostenevano di aver saputo di una nuova e rivoluzionaria terapia negli Stati Uniti che avrebbe potuto salvare il loro piccolo. Probabilmente era solo un'estrema, disperata illusione. In ogni caso non hanno fatto in tempo. Prima la corte britannica e poi quella europea hanno dato ragione ai medici e messo a tacere i genitori. Per quanto Chris e Connie potessero aver torto, con che diritto un potere impersonale ha creduto di privarli persino della speranza? E, soprattutto, chi può avere l'ultima parola sulla vita e la morte di un bambino? I genitori non hanno potuto scegliere neanche il luogo dell'ultimo respiro: volevano riportarlo a casa, ma l'ospedale glielo ha impedito. Il loro bambino è morto in un centro per malati terminali, il 28 luglio 2017. Ci sono molti dubbi che la giustizia sia stata giusta con la famiglia di Charlie. Di certo è stata crudele. E ciò che è crudele, di solito, non può essere giusto.

Conclusioni
Riprendiamoci il nostro ruolo

> Sì, il bello attira il bello e, una volta che la connessione è avvenuta, rimane così a vita, inalterata e irraggiungibile.
>
> NATSUO KIRINO

Al termine di questa cavalcata tra quelli che abbiamo descritto come i nemici dei genitori – le idee e le figure che tendono a sabotarne l'autorità espropriandoli delle loro funzioni educative, o che semplicemente hanno smesso di aiutarli – penso sia onesto fare un po' di autocritica, guardarci allo specchio. Anche la famiglia, infatti, ha commesso gravi errori, cedendo troppo allo spirito del tempo, accettando un clima culturale che non la considera più la principale agenzia di formazione dei giovani. E sono spesso gli stessi genitori a importare nelle loro famiglie le idee e gli stili di vita che ne minano il ruolo.

La conseguenza di gran lunga più importante di questi mutamenti ha riguardato il significato stesso del valore di paternità e maternità, una novità irreversibile introdotta dalla rivoluzione sessuale e dalla diffusione dei metodi contraccettivi. Un tempo avere un figlio era un «evento», qualcosa che accadeva naturalmente e abbastanza di frequente. Oggi è un «progetto», sottoposto a estenuanti valutazioni prima di essere messo in atto, quindi più raro, e comporta un investimento cui si destinano ingenti risorse economiche e di tempo. «Un figlio ti cambia la vita, due figli ti cambiano l'automobile», recita il motto di spirito. Una genitorialità senza dubbio più consapevole, dunque – forse anche troppo – ma non di rado anche più nevrotica.

Il rischio più elevato e frequente che ne deriva è quello che in America si definisce *overparenting*, un eccesso di presenza e di ingerenza nella vita dei figli. Soprattutto fra le classi colte, le madri – ma sempre di più anche i padri (fra i quali sta diventando di moda ricorrere al congedo parentale, seguendo l'esempio di Mark Zuckerberg) – trascorrono molto più tempo con i figli rispetto alle generazioni precedenti. E ciò nonostante tutte le ricerche dicano che i genitori, a qualunque classe sociale appartengano, lavorano oggi molte più ore che in passato[1]. Mia madre, per esempio, non aveva un impiego, era una casalinga, ma non ricordo che da bambino mi abbia mai scarrozzato in giro, portato a casa di amici o in piscina o a teatro o a una scuola di musica, come fa mia moglie, che pure lavora e tanto, con i nostri figli. In compenso, dalla quarta elementare in poi la mattina andavo a scuola da solo, giocavo per strada con i miei coetanei; all'età di dieci anni sapevo accendere un fuoco. E vi assicuro che non ero certo il bambino più intraprendente e più indipendente del posto in cui sono nato, dove si cresceva molto in fretta.

Oggi invece… Riuscite a ricordare qual è stata la prima volta che vostro figlio ha passato più di dieci minuti di seguito senza il controllo di un adulto? È comprensibile che bambini così compressi, sempre sotto sorveglianza, non vedano l'ora di poter impugnare uno smartphone con il quale evadere, anche sotto gli occhi dei genitori, e vivere una vita avventurosa e piena di rischi. Tutto sommato, sarebbe stato meglio mettergli in mano un accendino.

[1] Cfr. Hanna Rosin, *The Overprotected Kid*, in «The Atlantic», aprile 2014, www.theatlantic.com/magazine/archive/2014/04/hey-parents-leave-those-kids-alone/358631/. Nel 2011 i padri hanno trascorso con i figli tre volte più tempo che nel 1965 (sette ore a settimana contro le quattordici di mamma). Cfr. Costanza Rizzacasa d'Orsogna, *"Orgoglio papà". I padri 2.0 alla conquista del web*, in «Io Donna», 8 giugno 2015, www.iodonna.it/attualita/famiglie/2015/06/08/orgoglio-papa-i-padri-2-0-alla-conquista-del-web/?refresh_ce-cp.

Quelli dei nostri giorni sono «genitori-elicottero», come li definiscono i media americani, iperprotettivi e iperpresenti. Li vediamo volteggiare sulla testa dei loro pargoli dovunque essi vadano, ne avvertiamo l'arrivo dal rumore prodotto dai rotori costantemente in funzione. È un servizio di scorta e assistenza ventiquattr'ore su ventiquattro. Il genitore-elicottero è pronto a intervenire al sorgere del minimo problema, ostacolo, tensione, per trarre d'impaccio il figlio, anche quando questi non lo abbia chiesto o non ne avrebbe in realtà alcun bisogno. In certi casi un'avanguardia, spesso rappresentata dalle mamme, batte addirittura in anticipo il terreno sul quale il bambino si avventurerà, per prevenire ogni possibile rischio, rimuovendolo. Nelle coppie più giovani, già digitali, questo modo di fare si raffina: si parla ormai di «genitori-drone» per indicare coloro che, grazie alla tecnologia, possono svolgere il lavoro di sorveglianza addirittura da remoto, senza farsi vedere, silenziosamente, monitorando di continuo la vita dei figli, seguendoli sui social, diventando loro amici o follower, talvolta sotto pseudonimo. Addirittura – conosco una mamma che lo fa –, si può ricorrere all'app Trova il mio iPhone, che consente di localizzare il cellulare smarrito o rubato, in modo da sapere esattamente, in ogni momento della giornata (e della notte), dove si trovi il figlio.

Nell'era industriale, in cui sono nato, i genitori erano decisamente più distratti a proposito dei figli, e questo era di certo un problema. Ma non è affatto detto che gli eccessi di oggi siano la soluzione. Anzi. Il deficit di gioco dei bambini, l'impossibilità di gestire in autonomia il pericolo e l'eccitazione, sono ritenuti all'origine dell'anomala diffusione di depressione e narcisismo nei giovani odierni[2]. I genitori danno troppo poco ai figli in termini di esperienze di vita, ma chiedono troppo in quanto a prestazioni

[2] Peter Gray, *The Play Deficit*, in «Aeon», 18 settembre 2013, https://aeon.co/essays/children-today-are-suffering-a-severe-deficit-of-play.

scolastiche. Vivendo nella paura del fallimento, determinata da una società così liquida, incerta, competitiva, la comunicano ai figli, che la fanno propria[3]. Più che soddisfare i reali bisogni dei ragazzi, i genitori-elicottero sembrano dunque rispondere alle loro stesse angosce.

Tra le due cose – eccesso di presenza genitoriale e ansie sociali – potrebbe addirittura esserci un nesso molto stretto. Lo sostiene il lavoro di un economista, Fabrizio Zilibotti, il quale si è chiesto che cosa si aspettano i genitori-elicottero come ritorno del loro forte investimento in soldi e in tempo, estremamente costoso anche in termini psicologici, visti i conflitti che crea sul tema del rendimento scolastico.

È evidente che, spingendo così tanto i figli, questi genitori sperano che abbiano successo, e dunque una vita più soddisfacente e un maggiore benessere economico. Ma ciò può essere vero solo nella misura in cui la società in cui vivono remunera l'impegno, il merito e l'alto livello di istruzione. Utilizzando i parametri del *World Value Survey*, che misura la scala dei valori che le famiglie dichiarano di usare nell'educazione, Zilibotti ha così identificato tre tipi di genitori: quelli che mettono al primo posto l'immaginazione e l'indipendenza dei figli, che potremmo definire «permissivi»; quelli che privilegiano l'impegno e la capacità di lavorare sodo, appunto i «genitori-elicottero»; e quelli che enfatizzano il valore dell'obbedienza, che potremmo chiamare «autoritari». Ebbene, nelle società che sono caratterizzate da una forte diseguaglianza sociale e di reddito – come gli Stati Uniti, ma ancor di più la Cina – prevalgono i genitori-elicottero, perché agiscono in un sistema economico che ricompensa lo sforzo e il merito, in cui avere un'istruzione migliore dà vantaggi significati-

[3] Julie Lythcott-Haims, *How to Raise an Adult: Break Free of the Overparenting Trap and Prepare Your Kid for Success*, New York, St. Martin's Griffin, 2016. Uno studio del 2012 dell'American College Counseling Association nei college americani ha riscontrato una percentuale senza precedenti di universitari che fanno ricorso a psicofarmaci.

vi. Nelle società più egualitarie, come quella svizzera o la svedese, c'è invece molto spazio per i genitori permissivi, che sono infatti in numero maggiore. Ecco dunque un caso in cui l'economia influisce sui valori. Ma attenzione: come abbiamo già visto, vale anche il contrario. I diversi comportamenti dei genitori produrranno a loro volta un capitale umano molto differente, e questo avrà notevoli effetti sull'economia, accrescendo l'efficienza, ma anche l'ineguaglianza, delle società già maggiormente ineguali[4].

Gli eccessi competitivi dei genitori contemporanei producono però anche effetti tragicomici, e talvolta semplicemente insani. Qualsiasi genitore abbia assistito a una partitina di calcio tra bambini sa quali abissi di inciviltà e di cecità possano raggiungere padri e madri nel battersi per la vittoria dei propri colori. (Ho giurato a me stesso di astenermi dal partecipare a spettacoli così deprimenti dopo aver sentito un padre incitare il figlio a spezzare le gambe all'avversario di seconda elementare). E non è solo un fenomeno da patiti del pallone italici. Ci sono sport negli Stati Uniti in cui si fa ormai fatica a reclutare gli arbitri per i match tra ragazzi, perché alto è il rischio di aggressione da parte di famiglie inferocite.

Soprattutto tra i genitori più giovani, padri e madri Millennial nati dopo gli anni ottanta – che ormai cominciano a essere numerosi anche in un paese a bassa natalità come l'Italia –, si diffonde un'ansia da prestazione, una ricerca della perfezione, quasi traslata come una nemesi storica dalla propria infanzia a quella dei figli. Questi giovani adulti sono infatti cresciuti con il mito narcisista dell'autorealizzazione, della spontaneità, dell'essere se stessi; desiderano dunque a loro volta figli perfetti, sostenibili e organici. Sono ossessionati dai rimedi naturali e spaventati da tutto. Tendono a condurre le loro nuove famiglie come piccole

[4] Fabrizio Zilibotti, *Ungleichheit und Wachstum*, in «Finanz und Wirtschaft», 26 aprile 2016, www.fuw.ch/article/ungleichheit-und-wachstum/.

democrazie parlamentari, prendendo fino alla più piccola delle decisioni tramite un processo di costruzione del consenso che va dal coniuge ai figli anche piccoli, sino alle famiglie di provenienza e al gruppo di amici sui social. Ogni momento della vita familiare è condiviso: la maggioranza dei nuovi genitori ha postato una foto del neonato nelle prime ventiquattr'ore di vita, ha cercato il pediatra sulle chat dove altri genitori li recensiscono, ha discusso sul web le tecniche giuste di allattamento, aspira ad avere figli che siano «speciali» e «unici», e dunque implicitamente insegna loro che dalla vita potranno avere tutto ciò che vogliono, quando lo vogliono, anche grazie alla gratificazione istantanea offerta dalla Rete[5].

Fra i tanti eccessi dei nuovi genitori c'è infatti anche quello di informazioni. È stato scritto che questa generazione non ha il suo dottor Spock, autore nel 1946 del celebre bestseller sull'educazione permissiva dei figli[6], ma trilioni di amici che danno consigli su Facebook e miliardi di «esperti» su internet che di solito dicono l'uno il contrario dell'altro. In una ricerca il 58% dei genitori Millennial intervistati si è lamentato di questa babele, di questo chiacchiericcio continuo su come dovrebbero comportarsi per raggiungere la perfezione, che crea tensione e stordisce allo stesso tempo. C'è anche chi soffre la competizione della Rete nelle funzioni che un tempo erano tipiche dei genitori. Capita di incontrare mamme che dichiarano apertamente di essere gelose dei tutorial, nuova bibbia dei ragazzini: «Mia figlia da YouTube ha imparato a fare yoga, a mettersi l'eyeliner, a suonare la chitarra, disegnare fumetti, dormire meglio e meditare, ha perfezionato l'inglese e sa anche cucinare la quinoa. Una volta si ricordava

[5] Katy Steinmetz, *Help! My Parents Are Millennials*, in «Time Magazine», 26 ottobre 2015, http://wp.lps.org/tnettle/files/2015/03/Help-My-Parents-are-Millennials.pdf.

[6] Benjamin Spock, scomparso nel 1998, pediatra, per mezzo secolo ha offerto suggerimenti alle mamme di tutto il mondo con il suo *Baby and Child Care* (*Il bambino, come si cura e come si alleva*), quaranta milioni di copie vendute, dove vengono esposti i «dieci comandamenti» per i genitori moderni.

con un po' di affetto "questo me l'ha insegnato la mamma, o la nonna". Tra quarant'anni i nostri figli diranno "questo l'avevo sentito su YouTube"»[7].

Una forma particolarmente clamorosa di *overparenting*, ingigantita dalle possibilità che offre la comunicazione digitale, sono i gruppi WhatsApp dei genitori, le famigerate chat tanto temute e odiate dagli insegnanti. Quello che all'inizio era sembrato un modo intelligente e rapido di scambiarsi informazioni essenziali sulle incombenze scolastiche dei figli, si è trasformato in forum di discussioni concitate e confuse, spesso anche difficili da seguire perché parlano venti persone contemporaneamente, ognuno segue un filo diverso e non si sa mai chi risponde a chi. Talvolta poi diventano «cassa di risonanza di un sentimento incontrollato» di rabbia o rancore nei confronti degli insegnanti, presi sempre come capro espiatorio di tutto ciò che non va[8]. La preside di una scuola media in Toscana ha spedito addirittura una circolare ai settecento genitori del suo istituto per invitarli a smetterla con le chat. Non solo per il male che fanno agli insegnanti («Sono sconcertanti le comparazioni dei voti, mio figlio ha preso 5, il tuo 7, ma il compito era uguale, deve avere per forza sbagliato il professore»), ma anche per il danno che procurano ai ragazzi deresponsabilizzandoli, spostando sui genitori doveri che dovrebbero essere parte integrante del loro impegno scolastico: «Se uno studente dimentica di scrivere sul diario i compiti, non sa come rispondere a un problema, non ha preso appunti in classe, ecco in soccorso il gruppo WhatsApp dei genitori dove ci sono

[7] Patrizia Violi, *«Lo ammetto: sono gelosa dei tutorial». Perché una "madre rompiscatole" non può insegnare più niente*, in «Corriere della Sera. La 27esima ora», 9 maggio 2017, http://27esimaora.corriere.it/17_maggio_08/ammetto-sono-gelosa-tutorial-perche-madre-rompiscatole-non-puo-insegnare-piu-niente-c70db4b0-3403-11e7-a787-f73edb825a43.shtml.

[8] Marco Lodoli, *Chat dei genitori, occasione mancata. Perché su WhatsApp vincono rabbia e rancori*, in «la Repubblica», 12 ottobre 2016, www.repubblica.it/scuola/2016/10/12/news/le_chat_dei_genitori_un_occasione_mancata_perche_su_whatsapp_vincono_rabbia_e_rancori-149623834/.

quelli che chiedono il compito, poi l'aiutino per il compito, poi il confronto del compito, alla fine la soluzione del compito»[9]. In breve, la chat ingigantisce i problemi, trasforma le famiglie in veri e propri Cobas dei figli, sempre pronti a dar loro ragione e colpa alla scuola. Così, per esempio, se fa freddo in classe a dicembre si discute per giorni di chi sia la responsabilità, non si risolve nulla, ma intanto ci si dimentica di fare la cosa più semplice: chiedere al figlio se ha freddo e, se così è, fargli indossare una maglia più pesante[10].

Anche i genitori, dunque, devono cambiare. Nella *disruption* della famiglia, nell'interruzione dei meccanismi di trasmissione di valori e saperi da una generazione all'altra, anche loro hanno una grande parte di responsabilità, se non altro per aver accettato la cultura dominante, per non essersi ribellati, per non aver reagito facendosi sentire, costruendo idee e lavoro comuni. E anche se questo, come ho dichiarato fin dall'inizio, non è un libro di consigli a padri e madri – ce ne sono già tanti, tutti generalmente inutili e spesso fonte di frustrazione –, forse è giusto concludere con tre riflessioni su quello che i genitori potrebbero fare per provare a cambiare le cose.

I genitori sono soli. È quanto emerso prepotentemente in ogni ambito della nostra inchiesta: soli nel confronto con il resto della società, di fronte ai messaggi di narcisismo esasperato che vengono dalla cultura del tempo, dall'esempio delle celebrity, dalle mode del web, dalla pressione dei social; soli a dover contrastare le elucubrazioni a pagamento degli psicologi, le scelte dei tribunali, il permissivismo in fatto di droghe che viene dal mondo dello show business. Ma se il problema è davvero la solitudine, allora è

[9] Lorenzo Salvia, *«Ho lasciato la chat dei genitori. E sono tornato un uomo felice»*, in «Corriere della Sera», 28 gennaio 2017, www.corriere.it/scuola/primaria/17_gennaio_25/ho-lasciato-chat-genitori-sono-tornato-uomo-felice-d10ccc00-e31b-11e6-91bb-de3c-4de78c88.shtml.

[10] *Ibid.*

evidente che la prima cosa da fare è mettersi insieme, darsi forza a vicenda. E quando parlo di solidarietà tra genitori mi riferisco innanzitutto a quella interna alla famiglia tra padre e madre.

L'esperienza ci dice che è più diffusa di quanto si possa pensare l'abitudine dei genitori, quasi un vezzo, di interpretare in famiglia ruoli diversi. Com'è in parte naturale, se i ruoli non sono opposti ma si integrano: in passato il padre svolgeva la funzione «etica», dettava norme e senso; la madre era la figura «accuditiva», si occupava cioè di dare amore e calore. Ma i tempi sono cambiati, e sappiamo bene che i padri ormai sfuggono al compito normativo per preferire funzioni più «amicali» nei confronti dei figli, facendo un po' da fratelli maggiori. Spesso, però, assistiamo oggi a qualcosa di più che a una salutare distinzione dei ruoli in famiglia o, se volete, a un gioco delle parti: verifichiamo l'acuirsi di divergenze e conflitti nelle coppie sui fondamentali del processo educativo, con genitori che si affrontano e si scontrano apertamente su come fare il loro mestiere. Il ragazzo torna sempre a notte inoltrata? Il padre protesta e la madre minimizza. Il figlio è costantemente «fatto» di spinelli? Il padre evoca i tempi in cui era lui a farlo e la madre si dispera. Queste differenze di vedute sono radicali, perché vertono su una questione cruciale: se un giovane debba o meno avere una disciplina in famiglia, se ci siano oppure no dei limiti da non varcare o se tutto invece sia permesso, oltre una certa età. E un tale contrasto di fondo tra genitori, che si può riprodurre ogni giorno su mille argomenti, arreca un danno grave ai ragazzi, perché contraddice il loro bisogno di regole chiare e coerenti. Essi sfruttano queste contraddizioni e sembrano goderne, le volgono a proprio vantaggio con astuzia. Ma in realtà, in fondo al cuore, ricevono un messaggio sconfortante e doloroso sull'incapacità di amarsi e di essere solidali del padre e della madre, qualcosa che toglie in ogni caso valore alla famiglia come istituzione, alla sua coesione e unità.

Penso dunque sia estremamente importante che padri e madri si confrontino apertamente con pari dignità, discutano, magari animatamente, sull'educazione dei figli (tema invece troppo trascurato nei dialoghi familiari, spesso coperto da un velo di vergogna o di ipocrisia, sempre con la scusa che non si parla davanti ai ragazzi, i quali invece capiscono tutto comunque, hanno il misterioso dono di comprendere anche i silenzi, pure da piccolissimi); ma è importante che poi si presentino con il volto unito di una coppia, due individui diversi in quanto a personalità, certo, ma uguali in quanto a concezione del mestiere di genitori. Lo spettacolo di una madre che mente o nasconde qualcosa al padre, o viceversa, anche se allo scopo di proteggere il figlio, per i ragazzi è solo la triste conferma di un disinteresse per la verità, che a loro invece tanto importa e che trovano già così raramente nel mondo esterno. Fingiamo con loro, e i nostri figli impareranno a fingere con se stessi. L'ipocrisia è forse il peggiore pericolo in famiglia.

La seconda forma di solidarietà che va rivitalizzata è quella tra diversi nuclei familiari. Ognuno di noi conosce ma non frequenta decine di genitori di coetanei dei nostri figli. In molti casi si tratta di ragazzi che passano più tempo di noi con loro, che esercitano un'influenza forte, e sappiamo quanto importante sia la pressione del gruppo dei pari per intraprendere un percorso di crescita e maturazione o, viceversa, per interromperlo. I coetanei spesso contano più dei genitori, e noi ce ne lamentiamo quando le cose vanno male dando la colpa alle «cattive compagnie». Ma quelle compagnie hanno a loro volta dei genitori. Ci abbiamo mai parlato? Sappiamo cosa pensano? Abbiamo condiviso con loro le nostre idee sui metodi educativi? Abbiamo provato a stilare un elenco di regole comuni che possano valere per tutto il gruppo degli adolescenti? Oppure ce ne stiamo rintanati in casa chiudendo gli occhi su ciò che i nostri ragazzi fanno quando stanno con i figli degli altri? Un lavoro solidale, collettivo, attraverso gruppi e associazioni di genitori, sarebbe di inestimabile importanza per connettere tra di loro famiglie che spesso hanno gli stessi problemi, ma non li affrontano mai insieme. Sarebbe anche un modo utile per contrastare il vizio tutto italiano di cercare sempre dagli altri soluzioni che invece spetta a noi trovare, prendendocela con lo Stato, con la scuola, con i media. Magari a volte anche con ragione, ma senza mai far niente in prima persona per cambiare le cose. Troppo spesso i genitori si consegnano a un rassegnato e disperato senso di impotenza, che i figli colgono, perdendo così ulteriormente fiducia nella famiglia.

Infine, proprio perché – come ci siamo detti all'inizio di questo libro – non abbiamo un diritto all'amore *dei* nostri figli, ritengo che dovremmo mettere profondamente in discussione cosa intendiamo per amore *verso* i nostri figli. Non credo significhi dar loro sempre ragione, anche quando hanno palesemente torto, sulla base di un relativismo culturale secondo cui è ovvio che si comportino in modo così diverso da noi perché sono i tempi a essere cambiati. No, un ragazzo che sbaglia, sbaglia anche se siamo negli anni Duemila. Il bene e il male esistono, e possono essere distinti l'uno dall'altro in qualsiasi epoca si viva. Né penso che amore sia accettare la loro fragilità chiudendo gli occhi e sospirando, come se fosse una malattia non curabile in virtù della quale i nostri figli sono autorizzati a non crescere mai e a restare sempre bambini. Né tantomeno ritengo che l'unico campo in cui dobbiamo far sentire la nostra presenza, in cui stargli vicino, stimolarli e spronarli, sia quello del successo scolastico come prodromo al successo lavorativo.

Anzi, forse amore vuol dire innanzitutto non confondere il valore con il successo, non trasformare le nostre relazioni con loro in una sorta di bilancia automatica che soppesa risultati e punizioni. Troppo spesso definiamo il successo sulla base dei nostri parametri. Ma se i figli vogliono invece utilizzare il proprio talento e il proprio ingegno in qualcosa che non è misurabile con il nostro metro di valutazione, bisogna imparare a usare altre unità di misura, capire quali sono quelle giuste, dotarsi di tanta pazienza prima di poter dire che ci sono riusciti. E mettere in conto che potremmo anche non fare in tempo a saperlo mai, o che lo vedremo da lassù.

E se anche ci sembra che non stiano impegnando le loro risorse, e quelle che noi abbiamo investito, in niente di misurabile, se anche fossero «sdraiati» o sprofondati nel divano, è possibile che, seppur impercettibilmente, stia germogliando un seme che non sapevamo nemmeno di aver piantato, capace un giorno di dare un frutto che ci stupirà, se non lo inaridiamo prima con la nostra ostilità e freddezza.

«Non dobbiamo lasciarci prendere, noi, genitori, dal panico dell'insuccesso», magari per vendicare il nostro, ammoniva Natalia Ginzburg. «I nostri rimproveri debbono essere come raffiche di vento o di temporale: violenti, ma subito dimenticati [...]. I nostri figli, noi siamo là per consolarli, se un insuccesso li ha addolorati; siamo là per fargli coraggio, se un insuccesso li ha mortificati. Siamo anche là per fargli abbassare la cresta, se un successo li ha insuperbiti [...]. Quello che deve starci a cuore, nell'educazione, è che nei nostri figli non venga mai meno l'amore alla vita, [...] né oppresso dalla paura di vivere, ma semplicemente in stato d'attesa, intento a preparare se stesso alla propria vocazione. E che cos'è la vocazione di un essere umano, se non la più alta espressione del suo amore per la vita?»[11].

Se dovessi spiegare ai miei figli «l'amore per la vita», racconterei loro la storia di Edoardo Di Carlo. A otto anni fu uno dei tre bambini rimasti intrappolati per due giorni e due notti tra le macerie dell'albergo di Rigopiano, sepolto da una valanga di neve e detriti nel gennaio 2017. Il «piccolo eroe», fu subito definito dai giornali, perché, senza cibo né acqua e al gelo, riuscì a rassicurare e a confortare gli altri due bimbi, Ludovica e Samuel, più piccoli di lui, tenendoli per mano, facendo sì che resistessero fino all'arrivo dei soccorsi, anche quando sembrava che non sarebbero mai arrivati, coccolando Ludovica, parlandole del ghiaccio

[11] Natalia Ginzburg, *Non opprimere i figli con l'idea della scuola*, in «Nuovi Argomenti», 1960, ora in Id., *Le piccole virtù*, Torino, Einaudi, 2012, pp. 108-109.

e della neve per raccontarle di Elsa di *Frozen* (il film preferito dalla bambina), «prendendola in braccio nei momenti peggiori, cullandola, cantandole canzoni per calmarla, salvo poi mettersi a pregare da solo, ma in silenzio, per non far veder agli altri che aveva paura»[12].

In quella tragedia Edoardo ha perso i genitori. Non smetterà mai di soffrire per questo. Ma nella stessa tragedia ha trovato l'eredità che il padre e la madre gli hanno lasciato, e che gli consentirà di diventare un uomo anche senza di loro.

Mi domando: saranno anche i miei figli come lui, un giorno, di fronte a una difficoltà, a una prova, a un dolore? Sapranno che fare quando si troveranno al buio? Capiranno da dove può arrivare la luce della salvezza, da quale parte guardare? Ecco quello che dovremmo chiederci, noi genitori: se il nostro tempo sta lasciando loro qualcosa, se stiamo trasmettendo un patrimonio morale. Per riconquistare i nostri figli è da qui che dobbiamo ripartire: dall'essenziale.

[12] Marco Mensurati, *Il coraggio di Edoardo, il piccolo eroe*, in «la Repubblica», 24 gennaio 2017, http://ricerca.repubblica.it/repubblica/archivio/repubblica/2017/01/24/il-coraggio-di-edoardo-il-piccolo-eroe10.html.

Stampato da
Grafica Veneta s.p.a., Trebaseleghe (PD)
per conto di Marsilio Editori® in Venezia

EDIZIONE

10 9 8 7 6 5 4 3 2 1

ANNO

2017 2018 2019 2020 2021